CATALOGUE

DES COLLECTIONS

DONT SE COMPOSE LE

MUSÉE DE L'ARTILLERIE,

Par F. DE SAULCY,

MEMBRE DE L'INSTITUT, CONSERVATEUR DU MUSÉE DE L'ARTILLERIE.

PARIS,

IMPRIMERIE DE MALLET-BACHELIER,

IMPRIMEUR-LIBRAIRE DU DÉPOT CENTRAL DE L'ARTILLERIE,

RUE DU JARDINET, 12.

1855

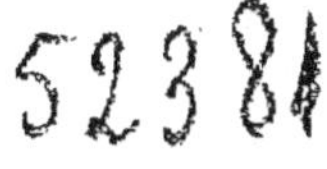

TABLE GÉNÉRALE

ET CLASSIFICATION.

ARMES A FEU PORTATIVES.

(*Première galerie.*)

(*Deuxième galerie.*)

DISTRIBUTION

DES

ARMES OFFENSIVES ET DÉFENSIVES

DANS LES GALERIES

DU

MUSÉE DE L'ARTILLERIE.

Les diverses collections dont se compose le Musée de l'Artillerie sont distribuées dans six grandes salles ou galeries. Les anciennes armes défensives, telles que cottes de mailles, brigandines, armures de pied en cap, cuirasses, casques, boucliers, etc., sont placées dans la plus vaste de ces pièces, qui a pris le nom de *Galerie des Armures*. Les collections d'armes offensives, et une grande quantité de modèles d'armes de toute espèce, de machines et d'instruments servant à l'artillerie, occupent les quatre autres galeries. Enfin les modèles de tous les systèmes d'artillerie sont classés dans la grande salle du rez-de-chaussée.

La galerie des armures se trouve partagée, d'après l'ordonnance de sa colonnade, en trois parties ou travées, séparées l'une de l'autre par des colonnes accolées, surmontées d'arcades. Sur les côtés et au milieu de cette galerie, à commencer par la travée du fond, ont été rangées chronologiquement les armures de pied en cap et autres, d'après les formes caractéristiques qui déterminent l'époque à laquelle appartient chaque armure.

La collection des épées et armes blanches anciennes et modernes se trouve le long de la première galerie parallèle à la galerie des armures.

La riche série des armes à feu portatives est établie dans les trois autres galeries du Musée, sur des râteliers placés en face des croisées. Cette série chronologique s'étend depuis la plus ancienne des armes portatives à feu, l'arquebuse à mèche, jusqu'au fusil à platine percutante. Ce qu'il y a de plus précieux en ce genre par la beauté du travail, par la richesse des ornements, par la singularité des formes ou par l'importance historique, est conservé dans quatre armoires vitrées placées au milieu de chacune des trois galeries.

En face des râteliers d'armes règne une suite de tables destinées à recevoir : 1° les modèles des machines et des instruments employés dans le service de l'artillerie ; 2° les modèles des machines, des instruments et des outils servant aux constructions des armes de guerre et aux différents métiers qui prennent part à ces constructions. Sur le parquet, sous les porte-crosses des râteliers et sous les tables, sont placés les modèles de forte proportion.

Enfin sur les murs, entre les croisées de la troisième et de la quatrième galerie, sont suspendus quelques assortiments d'instruments de fabrication ou de vérification, quelques détails de construction pour divers articles de manufacture, et autres objets qui n'ont pu trouver place sur les tables qui garnissent les trois galeries.

ARMES ANTIQUES.

1. Cuirasse grecque, trouvée dans le royaume de Naples.

2. Plastron de cuirasse franke, donné au Musée par M. Cournault, colonel du génie; trouvé près de Toul (Meurthe).

3 à 4. Casques grecs.

5 à 8. Autres casques grecs de différentes formes, trouvés dans le royaume de Naples.

9. Cnémides grecques, trouvées dans le royaume de Naples.

10. Cnémides plus petites, trouvées dans le royaume de Naples.

11. Cimier de casque, trouvé dans la Seine, à Paris.

12. Frontal ou têtière (ornement de tête de cheval); il est composé de mailles doubles en bronze; trouvé dans le royaume de Naples.

13. Ceintures grecques, trouvées dans le royaume de Naples.

14. Glaive antique, trouvé à Pœstum.

15. Grande épée franke en fer, trouvée dans le département de la Moselle.

16. Autres épées frankes, trouvées dans des tombeaux fouillés dans le département de la Moselle, et données au Musée par l'Académie impériale de Metz.

17. Belle épée franke, donnée au Musée par M. Jauniard, architecte du gouvernement.

18. Autres épées frankes, trouvées dans des tombeaux de l'époque mérovingienne.

19. Épée gauloise avec son fourreau, le tout en airain; trouvée dans l'arrondissement d'Uzès, et donnée au Musée par M. Ebelmen, directeur de la manufacture impériale de Sèvres.

20. Grande épée gauloise en airain, trouvée dans la Seine, à Paris.

21. Petites épées gauloises, trouvées dans la Seine, à Paris.

22. Épées antiques : la plus longue a été trouvée dans la Seine, à Paris; l'autre provient de Toscane.

23. Fragments d'épées antiques : la plus large a été donnée au Musée par M. de Montigny; l'autre provient du royaume de Naples.

24. Pointes de lance en bronze, trouvées dans le royaume de Naples.

25. Lance en bronze, trouvée à Chelles, près Paris.

26. Lance en bronze et fragment d'une lance semblable, trouvés dans une tourbière près d'Abbeville (Somme); donnés au Musée par M. Boucher de Perthes.

27. Lances antiques.

28. Fragment de poignard antique, avec son fourreau en airain; trouvé dans le royaume de Naples.

29 et **30**. Poignards antiques. Le n° **29** a été trouvé sous un dolmen, près de Pontivy, et donné au Musée par M. le colonel d'artillerie de Boblaye ; l'autre provient du royaume de Naples.

31. Poignards antiques.

32. Fers de lance de formes variées, trouvés à Pœstum (royaume de Naples).

33. Harpé, provenant des mêmes fouilles de Pœstum.

34. Mors de brides, provenant des mêmes fouilles.

35. Pointes de flèche en silex, trouvées sur le champ de bataille de Marathon, et rapportées par M. de Saulcy, membre de l'Institut.

36. Pointes de flèche gauloises, en silex, à bout taillé en langue de carpe ; trouvées en Auvergne.

37. Pointe de flèche en bronze, trouvée à Ptolémaïs de la Cyrénaïque ; donnée au Musée par M. Vattier de Bourville.

38. Bouts de flèche antiques, trouvés dans le royaume de Naples.

39. Fers de lance trouvés parmi des débris romains, près d'Abbeville (Somme), et donnés au Musée par M. Boucher de Perthes.

40 et **41**. Haches celtiques en silex. Le n° 40 a été trouvé près de Metz (Moselle), et donné au Musée par M. le marquis de Marguerie; le n° 41 a été trouvé à Arnaville (Moselle), et donné au Musée par M. Félicien de Saulcy.

42. Haches gauloises en silex de différente grosseur; trouvées, les unes dans la Seine, à Paris, et les autres près de Metz.

43 à **46**. Haches grecques, trouvées dans le royaume de Naples; le n° 45 a été recueilli dans le même tombeau que la cuirasse n° 1, et le casque n° 7.

47. Haches antiques de forme différente. Elles ont été trouvées dans le royaume de Naples.

48. Haches antiques, trouvées dans la Seine, à Paris.

49. Haches antiques, données au Musée par M. A. Deville et trouvées en Normandie.

50. Petites haches à douille verticale; trouvées dans la Seine, à Paris.

51. Haches antiques de différentes formes, trouvées dans le royaume de Naples.

52. Haches gauloises antiques, trouvées en Normandie et données au Musée par M. A. Deville.

53. Hache antique, trouvée à la Mortaja près de Calvi (Corse), et donnée au Musée par M. P. Mérimée, sénateur et membre de l'Institut.

54. Haches antiques, trouvées près d'Abbeville (Somme), parmi des débris romains, et données au Musée par M. Boucher de Perthes.

55. Hache antique, trouvée près de Metz (Moselle).

56. Haches gauloises et romaines.

57. Haches frankes ou francisques, trouvées dans le département de la Moselle, et données au Musée par l'Académie impériale de Metz.

58. Masse d'armes antique, hérissée de pointes, avec manche en fer.

59. Têtes de masses d'armes antiques, hérissées de pointes; trouvées dans le royaume de Naples.

60. Sabots de lance, trouvés dans des tombeaux étrusques.

61. Petit sabot de lance.

62. Agrafe franke de ceinturon d'épée, damasquinée en argent; donnée au Musée par Mme Jollois.

63. Boucle antique de ceinturon, donnée au Musée par M. Boucher de Perthes.

64. Bout de javelot en bronze, trouvé dans le royaume de Naples.

65. Doigtiers en bronze, pour tirer l'arc; trouvés dans le royaume de Naples.

66. Glandes ou projectiles de fronde en plomb, trouvées dans le royaume de Naples.. L'une d'elles porte en légende le mot *cos* (consul).

67. Glandes ou projectiles de fronde, trouvées en Sicile ; données par M. Sénès.

68. Projectile de fronde, donné au Musée par M. le comte Deschand.

69. Projectile du xve siècle, trouvé à Perpignan ; c'est un cube de fer enveloppé de plomb.

70. Projectile prismatique qui était peut-être destiné à être lancé à l'aide d'une fronde ; il provient du royaume de Naples.

71. Éperon antique en bronze, trouvé dans le royaume de Naples.

72. Éperon antique à pointe recourbée, recueilli dans la Seine, à Paris.

Fragments d'armes trouvés dans le département de la Somme et donnés au Musée par M. BOUCHER DE PERTHES.

73. Éperon, trouvé sur le champ de bataille de Crécy.

74. Éperons, recueillis sur les champs de bataille de Crécy et d'Azincourt.

75. Pommeaux d'épée, recueillis sur les champs de bataille de Crécy et d'Azincourt.

76. Fers de flèche, provenant des champs de bataille de Crécy et d'Azincourt.

77. Fers de lance et de pique, provenant des champs de bataille de Crécy et d'Azincourt.

78. Fers de baïonnettes hampés, trouvés près d'Abbeville.

79. Couteau de brèche, recueilli sur le champ de bataille de Crécy.

80. Épieu de chasse, trouvé près d'Abbeville.

81. Crochet de guerre, et un fer quadrangulaire à rondelle, provenant du champ de bataille d'Azincourt.

82. Fer de hallebarde et deux fers de lance, trouvés près d'Abbeville.

83. Peignes de soldat (XIVe siècle), trouvés près du Crotoy.

84. Cuiller, grosse épingle et couteau (XIVe siècle), trouvés près d'Abbeville.

85. Fers de cheval français et anglais, trouvés sur le champ de bataille de Crécy.

86. Grand fer de lance, trouvé dans un tombeau à Benghazy de la Cyrénaïque; donné au Musée par M. Vattier de Bourville.

87. Cornet en cuivre, trouvé dans la tourbière voisine du Bourg-l'Étoille; donné au Musée par M. de la Pilaie.

88. Fer d'angon, donné au Musée par M. Jauniard, architecte du gouvernement.

89 et **90**. Dagues. Le n° **89** a été trouvé dans la Seine, à Paris; le n° **90** a été trouvé à Provins.

91. Fer de javelot et fer de lance. Le premier, donné par M. Schuster, garde du génie attaché à l'école d'application de Metz, a été trouvé au Mont-Saint-Jean, près Marsal; le fer de lance, donné par l'Académie impériale de Metz, a été trouvé dans un tombeau, dans le département de la Moselle.

92. Fers de flèche, dont l'un provient de Châtel-Saint-Germain, près Metz : il a été donné au Musée par M. Victor Simon, président à la Cour impériale de Metz ; il est quadrangulaire et assez effilé pour pouvoir traverser une cotte de mailles ; l'autre fer provient d'un dépôt d'armes trouvé à Chalcis, en Eubée.

Armes données au Musée par M. l'abbé COCHET.

93. Fers de lance provenant de fouilles faites dans des cimetières mérovingiens à Envermeu et à Londinières.

94 et **95**. Glaives, provenant des mêmes fouilles.

96. Haches, provenant des mêmes fouilles.

———

97. Poignée d'épée, trouvée dans le tuf, à la construction du pont des Saints-Pères, à Paris.

98. Épée du XVIe siècle, trouvée dans la Seine, à Saint-Ouen.

———

ARMES DÉFENSIVES.

ARMURES.

(Salle des armures.)

99. Armure complète d'homme et de cheval, en usage en France sous les règnes de Charles VI et de Charles VII, et en Angleterre sous les règnes de Henri VI et d'Édouard IV. L'armure d'homme a été achetée à la vente de M. le docteur Hébray ; l'armure de cheval provient de l'arsenal de Strasbourg.

100. Armure du xvie siècle. La cuirasse est terminée par une braconnière, espèce de jupon en lames de fer, qu'on appliquait aux armures en Allemagne et en France, sous les règnes de Charles-Quint et de François Ier. Cette armure provient de la galerie de Sedan.

101. Autre armure du xvie siècle, qui a appartenu à un personnage de haute stature. Au bas de la cuirasse est une grande braconnière sur laquelle on distingue plusieurs inscriptions et emblèmes. Au côté droit du casque et sur la crête, on lit la devise suivante : *Amour ne peult où rigueur veult.* Cette armure provient de la galerie de Sedan.

102. Armure du milieu du xve siècle, provenant de l'arsenal de Strasbourg. Les pédieux sont terminés par des pointes d'une longueur démesurée; cette forme bizarre fut longtemps en usage, et des ordonnances formelles du roi Charles VIII purent seules la faire abandonner.

103. D'après les traditions de l'ancienne galerie de Sedan, cette armure aurait appartenu à un sire de la famille de la Marck.

104. Armure de la fin du xve siècle, ayant appartenu, dit-on, à Frédéric-Maurice, prince de Sedan. Elle provient de la galerie de Sedan.

105. Armures de la fin du xve ou du commencement du xvie siècle. Elles portent l'une et l'autre la devise : *O mater Dei, memento mei!* Une image de la Vierge est gravée sur le haut de la cuirasse.

106. Armure du temps de François 1er.

107. Autre armure du xvie siècle. Ornements en relief plat. Le heaume présente au côté droit une ouverture carrée, destinée probablement à y passer l'embouchure d'une trompe. Les tassettes sont inégales en longueur. Cette même inégalité se répète dans plusieurs autres armures. La tassette droite est plus courte, pour la rendre moins embarrassante dans le mouvement de monter à cheval. La cubitière est garnie d'une forte vis destinée à porter un garde-bras dans le genre de celui que l'on voit à l'armure n° **108.**

108. Armure de la fin du xve siècle. Le brassard gauche est garni d'un garde-bras, pièce d'arme qu'on ajoutait aux harnais de guerre, quand on les employait dans les combats en champ clos.

109. Armure de la fin du xvie siècle, remarquable par la beauté de son travail, par l'élégance de ses formes, et par la pièce appelée *braconnière* ou *garde-reins*, qui termine la partie inférieure de la cuirasse. Elle provient de l'arsenal de Strasbourg.

110. Armure de la première moitié du xvie siècle, provenant de la galerie de Sedan. Les cuissards sont fermés par derrière, ce qui démontre que cette armure a dû servir pour combattre à pied.

Carré, dans sa *Panoplie*, avance que ce harnais est celui dont Charles VII fit présent à la Pucelle, et que celle-ci vint le déposer à Saint-Denis après avoir été blessée sous les murs de Paris. Mais cette assertion n'a aucun fondement, et les formes de l'armure en question appartiennent incontestablement à une époque de beaucoup postérieure à celle où vivait l'héroïne d'Orléans. L'armure entière pèse 30 kilogrammes.

111. Armure du milieu du xvie siècle.

112. Armure du commencement du xvie siècle.

113. Armure du milieu du xvie siècle. Casque remarquable par la singularité de sa forme.

114. Armure portant le collier de l'ordre de Saint-Michel sculpté sur la cuirasse. Ses formes sont celles des armures généralement en usage dans les premiers temps du règne de François Ier.

115. Armure de tournoi en usage en Allemagne vers la fin du xve siècle. On la voit représentée dans l'ouvrage publié en 1506, sous le titre de : *Les Chars de triomphe de l'empereur Maximilien.* Toutes les pièces sont d'une pesanteur extraordinaire. Outre le cuissard d'usage, on y remarque un second cuissard très-pesant attaché à la selle. Sur le dos de la cuirasse on voit une Femme debout sur un globe, tenant à la main un drapeau aux armes de Bourgogne. A la partie inférieure est gravée une aigle impériale, et au-dessus de l'aigle sont deux M, initiales des noms Maximilien et Marie.

116. Armures du commencement du xvie siècle. La selle d'armes provient de l'arsenal de Strasbourg.

117. Armure qui, par sa forme, rappelle

l'époque de Louis XII. La selle d'armes provient de l'arsenal de Strasbourg.

118. Belle armure connue sous le nom de *l'armure aux lions.* Elle faisait partie de l'ancienne collection de l'arsenal de Sedan, où on l'attribuait, très-probablement à tort, à François Ier. Les ornements du fond sont des bandes horizontales remplies par des feuilles de vigne fortement damasquinées. Le timbre du casque est formé d'un mufle de lion dont la crinière retombe en arrière et tient lieu de crête.

119. Armure du xvie siècle, qui a appartenu, dit-on, à Frédéric V, le Conquérant, électeur palatin et roi de Bohême, tué à Réthel, en 1632.

120. Armure du temps de Louis XII, imitant la forme des anciennes armures à écailles; les bandes ont été dorées et argentées alternativement.

121. Armure du temps de François Ier.

122. Armure portant la date de 1538 gravée sur la cuirasse.

123. Armure du maréchal François de Montmorency, mort en 1579. Son nom, qui se trouve écrit sur la face intérieure de la cuirasse, y a été appliqué à la galerie d'Ambras.

124. Armure de la première moitié du xvie siècle, présentant des ornements gravés et dorés sur fond noir.

125. Armure du milieu du xvie siècle.

126. Armures de la fin du xvie siècle.

126 *bis*. Autre armure de la fin du xvie siècle.

127. Armure qui, par sa forme, appartient à la fin du xvie siècle. Elle portait, à la galerie de Sedan, le nom du comte de Soissons, tué à la bataille de la Marfée, en 1641.

Carré dit, page 37, que l'armure du comte de Soissons fut déposée au château de Sedan, après la bataille de la Marfée.

128. Armure orientale d'homme et de cheval; elle est formée de petites bandes d'acier sur lesquelles on distingue des caractères arabes, damasquinés en argent. Les étriers, qui sont d'une grandeur démesurée, ont été dorés.

129. Riche armure provenant de l'ancienne galerie de Sedan. La perfection du travail, la beauté du style, la pureté du dessin, tout décèle dans ce harnais les grands artistes du xvie siècle. Cette date est pleinement confirmée par la forme de la cuirasse, pointue à sa partie inférieure et serrée sur la taille au-dessus des hanches, forme que le costume militaire du xvie siècle avait empruntée au costume civil de l'époque.

130. Armure du temps de François Ier. Elle provient de l'arsenal de Strasbourg.

131. Armure du xvie siècle, dans les ornements de laquelle on trouve le blason de la maison de Bavière. La selle d'armes provient de l'arsenal de Strasbourg.

132. Armure de la fin du xvie siècle.

133. Armure complète d'homme et de cheval. Fond noir, bandes gravées et dorées. Elle doit avoir appartenu à un prince bavarois. Sur le haut du plastron est gravée la date de 1533, et le chanfrein du cheval porte les armes de Bavière. Cette belle armure provient de l'arsenal de Strasbourg.

134. Armure attribuée au duc de Mayenne, chef de la Ligue, mort en 1611. On lit sur la surface intérieure de la cuirasse les mots *Duca de Maino*, qui ont été appliqués à la galerie d'Ambras. Cette armure pèse 43 kilogrammes, le casque compris.

135. Armure attribuée à Henri, duc de Guise, surnommé *le Balafré*, tué à Blois en 1588. Cette armure est extrêmement pesante; le casque seul pèse 10 kilogrammes. Elle provient de la galerie d'Ambras.

136. Armure de Jean-Louis de Nogaret de la Valette, duc d'Épernon, colonel-général de l'infanterie française, mort en 1642. Au haut de la cuirasse sont les armes de Nogaret.

137. Armure toute fermée et faite pour combattre à pied. Elle provient de la galerie de Sedan.

138. Armure d'homme de pied, parfaitement fermée ; les pièces qui la composent sont assez artistement combinées pour rendre tous les mouvements faciles. Des lames, ingénieusement distribuées sous l'aisselle, couvrent ce que l'on appelait le *défaut de la cuirasse*. Sur les gantelets on trouve la date de 1515. La devise *Semper suave* est gravée sur le devant et sur le derrière de la cuirasse, sur le casque et sur le gousset des genouillères. Les armures de ce genre sont excessivement rares.

139. Armure qui porte la date de 1569. On disait à Sedan qu'elle avait appartenu à Henri de la Tour, père du maréchal de Turenne.

140. Armure provenant de l'arsenal de Strasbourg.

141. Armure provenant de Sedan, où l'on prétendait qu'elle avait servi au maréchal de Turenne. Elle est de la fin du xvie siècle.

142. Les Grimaldi, princes de Monaco, *portaient* dans leurs armoiries une couronne traversée par des palmes, comme on en voit sur cette armure : on a conclu de là que ce harnais appartenait à quelque membre de la famille Grimaldi; mais il est fort douteux que le choix de ces ornements ait été déterminé par quelque intention héraldique.

143. Belle armure de cheval, remarquable par son travail et par ses fortes proportions. Des écussons ajoutés postérieurement à sa première fabrication, et portant les armes de Bavière et de Suède, se trouvent réunis sur la barde du poitrail, ce qui a fait penser que cette armure avait appartenu à Charles-Gustave, roi de Suède, fils de Jean-Casimir, duc de Bavière, qui succéda à la reine Christine, sa cousine, en 1654. Charles-Gustave a pu posséder cette armure, soit après son avénement au trône, soit lorsqu'il n'était encore que prince de Deux-Ponts, et qu'il commandait en Allemagne les troupes suédoises à la fin de la guerre de Trente ans.

144. Demi-armure de la fin du xvie siècle, provenant de l'arsenal de Strasbourg.

145. Armure allemande, du temps de l'empereur Maximilien. Elle provient de la galerie de Sedan.

146. Armure en usage en Allemagne sous le règne de l'empereur Maximilien. Elle provient de la galerie de Sedan.

147. Armure du xvie siècle, fond bruni, bandes dorées. Le brassard gauche porte deux pièces de renfort au garde-col et à la cubitière. Elle provient de l'arsenal de Strasbourg.

148. Armure du milieu du xvie siècle.

149. Trois armures allemandes du xvie siècle, fond noir, avec bandes et ornements gravés. Elles portent la devise allemande : GOT ALLEIN DIE EHR ! *A Dieu seul l'honneur !*

150. Armure de Pierre Bruner, chevalier suisse, qui servit sous les cinq rois qui se succédèrent en France depuis Henri II jusqu'à Henri IV; il mourut en 1608. Sur la cuirasse est gravée, en allemand, l'inscription suivante : *Ce harnais provient du capitaine Pierre Bruner Altrat, qui a servi avec beau-*

coup de gloire sous Henri II, François II, Charles IX, Henri III et Henri IV.

151. Armure qui a été conservée dans la famille du maréchal Gaspard de Saulx-Tavannes.

152. Armure du XVIe siècle.

153. Armure en cuivre rouge doré.

154. Armure qui, par sa forme, appartient à l'époque de Louis XII.

155. Armure de la fin du XVe siècle, cannelée, suivant la mode généralement suivie à cette époque.

156. Armure de la fin du XVe siècle.

157. Armure du commencement du XVIe siècle.

158. Armure du commencement du XVIe siècle.

159. Armure de la fin du règne de Charles VIII.

160. Autre armure du commencement du XVIe siècle.

161. Armure à cannelures intercalées de

bandes gravées. Elle provient de l'arsenal de Strasbourg.

162. *Au milieu de la salle.* Armure de forte dimension. Les bâtons croisés et les briquets que l'on voit sur les tassettes de cette armure prouvent, sans réplique, qu'elle a servi à un prince de la maison de Bourgogne. Sa forme, l'époque qu'elle rappelle (la fin du xve siècle), et ses fortes dimensions, permettent de croire qu'elle a appartenu au grand bâtard Antoine de Bourgogne, seul descendant mâle de Philippe le Bon, après la mort de Charles le Téméraire.

163. Armure du commencement du xvie siècle; à Sedan, elle passait pour avoir été portée par le maréchal Fabert, mort en 1662.

164. Armure allemande du xve siècle.

165. Armure attribuée au connétable Anne de Montmorency, mort en 1567. Armure noire à bandes dorées. Sur la face intérieure du plastron on lit les mots : *M. S. Conestabil.* Elle provient de la galerie d'Ambras.

166. Armure de la fin du xvie siècle.

167. Autre armure du milieu du xvie siècle.

168. Armure de la première moitié du xvie siècle.

169. Armure du milieu du xvie siècle.

170. Autre armure du milieu du xvie siècle.

171. Armure attribuée, à Sedan, à Henri-Robert de la Marck, mort en 1754. Ce harnais de guerre est remarquable par la beauté du métal et par la pureté des ornements.

172. Armure de la fin du xvie siècle, qui était conservée dans la famille du maréchal Philippe de Culant.

173. Dans cette armure, le casque est fortement vissé sur la cuirasse, et présente la même ouverture carrée que le n° **202**.

La vis que l'on voit sur le côté gauche du plastron servait, avec les deux autres vis qui sont au-dessus, à soutenir une pièce additionnelle, appelée *grand garde-bras*. Pour en faire voir la forme, on a placé un grand garde-bras dépareillé au-dessous de l'armure.

174. Armure de la fin du xvie siècle, provenant de la galerie de Sedan.

175. Armure à plastron partagé en deux moitiés qui tournent sur les côtés au moyen de charnières. Les crochets qui la ferment par devant ont la forme de boutons. Les ornements figurent les plis crevés ou taillades qui étaient en usage dans le costume de l'époque (fin du xvie siècle).

176. Armure de la fin du xvie siècle.

177. Autre armure de la même époque.

178. Armure qui, dans la galerie de Sedan, était attribuée à Robert IV de la Marck, maréchal de France, mort en 1556.

179 et **180.** Armures d'une forme et d'une pesanteur extraordinaires. Elles ont été en usage en Allemagne du temps de l'empereur Maximilien, et ont paru aux tournois et fêtes qui eurent lieu vers la fin du règne de ce prince. Le casque du n° **180** se divise en deux parties : celle de devant est fortement vissée sur le plastron de la cuirasse; l'autre, qui cou-

vre la tête, est extrêmement pesante, et terminée par derrière par un couvre-nuque qui
se prolonge sur le dos. Le casque du n° **179** est
d'une forme des plus rares. Il n'a pas de visière mobile; il garantit parfaitement la tête
en lui laissant tous les mouvements libres, et
le cavalier voit devant lui par une grande
ouverture, ménagée entre la visière et le
timbre du casque. Dans les deux armures, le
bas de la cuirasse forme une saillie sur laquelle est fixé le faucre, ou crochet destiné à
soutenir, sur le devant, la lance en arrêt. Un
autre crochet de fer, que l'on voit se prolonger
en arrière, présente un second appui à la
lance. Le n° **180** a été acquis à la vente de
M. Wagner.

181. Armures qui portent gravées sur leurs
plastrons les images de saint François et de
saint Sébastien. Elles ont été achetées à la
vente de M. Lesueur.

182. Armure du xvie siècle.

183. Armure orientale de mailles du xv^e
siècle.

184. Brigandine du xve siècle, achetée à la vente de M. Lesueur.

185. Armure italienne du xve siècle, provenant de l'arsenal de Strasbourg.

186. Armure noire, composée d'un casque double et d'une cuirasse à double plastron, le tout pesant environ 3o kilogrammes. Elle a probablement appartenu à quelque ligueur de la fin du xvie siècle.

187. Cuirasse formée de petites lames d'acier se superposant les unes aux autres en guise d'écailles, et clouées sur une étoffe forte, qui leur servait d'assemblage. On appelait cet habillement de guerre *brigandine* ou *jaque brigandine*. Les plaques d'acier qui forment cette brigandine étaient couvertes par une seconde toile forte qui servait de doublure à un corselet de velours ou de drap.

188 à 192. Anciennes armures d'enfants, placées dans les petites galeries, à côté des portes.

193 à 198. Anciennes armures de différentes époques, placées dans les petites galeries.

199. Armure provenant de la galerie de Sedan.

200. Armure du xvie siècle.

201. Armure du xvie siècle. Sur le plastron on lit : *Dispersit superbos et exaltavit humiles.*

202. Plastron de devant d'une armure de tournoi, avec le casque. On voit au côté droit du casque une petite porte carrée, comme à d'autres armures, pour y passer l'embouchure d'une trompe.

203. Plastron de cuirasse en forme de corselet, du xvie siècle.

Dans les trophées.

204. Armure que portaient les reîtres du temps de Louis XIII et de Louis XIV. Elle vient du cabinet de M. le docteur Hébray.

205. Armure mongole, composée d'un timbre garni de mailles, d'une espèce de cuirasse en drap à épaulières de mailles, garnie de plusieurs plaques d'acier, et terminée par des pans ou tassettes de mailles et deux gantelets. Elle vient du cabinet de M. le docteur Hébray.

206. Buffletin de dragon du xviie siècle, avec hausse-col en fer.

207 et **208.** Autres armures anciennes placées dans les trophées.

209. Armure du xve siècle, à rondelle au défaut de la cuirasse.

210. Armure flamande du commencement du xviie siècle, provenant de l'arsenal de Lille.

211 à **214.** Armures de janissaire, dites *armures à miroir,* du xvie siècle.

215. Manteau d'armes et calotte de mailles du xive siècle. Cette dernière a été trouvée dans un tombeau à Épernelle (Côte-d'Or).

216 à **219.** A l'entrée du Musée, à côté de la porte, armures suisses du xvie siècle.

Dans la grande galerie des armures, on a formé dix-huit grands trophées, où sont réunies, en très-grande quantité, des pièces d'armures dépareillées, telles que plastrons de cuirasses, brassards, cuissards, tassettes, jambières, gantelets, hausse-cols, casques, mentonnières, boucliers, cottes de mailles, chanfreins, bardes de crinière et de poitrail, rondaches, rondelles ou manchettes de lances, et armes d'hast.

220. Plastron d'une cuirasse attribuée au grand Condé.

221. Cuirasse en fer ciselé, ébauchée à droite, finie à gauche.

222 à **225.** Grands garde-bras, pièces d'arme dont on se servait pour les tournois et pour les combats en champ clos.

226. Hausse-col richement orné, présentant plusieurs médaillons relevés en bosse. (*Armoire de la quatrième galerie.*)

227. Ornement de tête ou muselière de cheval : une partie est en fer, l'autre en cuivre, le tout présentant un travail de découpure d'un grand prix ; on y trouve la date de 1567. (*Armoire de la quatrième galerie.*)

228. Grand hausse - col du temps de Louis XIII, fond bronzé, bandes dorées.

229. Hausse-cols ; l'un est en fer poli, et l'autre à fond bruni avec bandes dorées.

230. Paire de cuissards, en usage du temps de Charles VII.

231. Rondelle de lance de tournoi.

232. Plastron de devant d'une armure de tournoi.

233. Fers de lance de tournoi.

234. Garde-cuisse d'armure de tournoi.

235. Mains ou gantelets de tournoi.

236. Bardes de crinière avec leur chanfrein, de forte dimension et d'un beau travail.

237. Autres bardes de crinière avec leur chanfrein à bandes gravées et dorées.

238 à 244. Chanfreins de formes variées, les uns à bandes gravées et dorées, avec fond poli ou bruni.

Nota. Au-dessous des collections de cas-

ques on a placé d'anciennes cuirasses gravées.

245. Bardes de poitrail, relevées en bosse
et gravées.

246. Cuirasse et casque de cuirassier du
milieu du règne de Louis XIV.

247 et **248.** Ancien modèle des cuirasses
de cuirassier et de carabinier, sous le règne
de Louis XVI.

249 et **250.** Modèles des cuirasses et casques de cuirassier et de carabinier, adoptés
en 1826.

251 et **252.** Plastrons de devant de la
cuirasse du dernier modèle; ils ont été sou-
mis à l'épreuve en 1826.

253 et **254.** Armures modernes des sapeurs
du génie.

255. Armure et pot-en-tête des sapeurs
du génie, dernier modèle.

256. Selle et harnachement de cheval,
provenant de l'Abyssinie.

257 à **267.** Dans la première et dans la

deuxième galerie, au haut des croisées, et dans les trophées de la grande galerie des armures, plastrons de devant et de derrière, d'armures anciennes et modernes.

268. Anciens pédieux avec éperons; donnés au Musée par M. Cartier.

269. Paire de solerets en fer.

270. Cottes ou jaques de mailles; camisoles à manches ou sans manches, composées de petits anneaux de fer entrelacés. On les portait sur un vêtement en peau de buffle qu'on appelait *gambaison* ou *gambisson*; on les appelait aussi *jaques*, *golets de mailles* ou *jaserons*. Tous les anneaux sont soudés et rivés.

271. Camail de mailles.

272. Cotte de mailles orientale, avec timbre garni de maille.

CASQUES.

273. Casque anglais du xiiie siècle.

273 *bis* et **274**. Casques du xiiie et du xive siècle. Le n° **274** a été donné au Musée par M. le baron de Noirmont.

275. Casque de forme mauresque, à timbre arrondi, très-orné. Il est connu sous le nom de *casque de saint Louis*, et faisait partie de l'armure entière, conservée autrefois dans le Garde-Meuble de la Couronne. La présence des ornements gravés à l'aide d'un acide semble assigner à ce casque une origine plus moderne.

276. Casque de la renaissance. Le dôme est surmonté par le corps d'un dieu marin que deux sirènes retiennent par la barbe, dans une position forcée, et de manière à lui faire couvrir le cimier du casque. On y trouve l'inscription : ΤΑΥΤΑΙΣ ΠΡΟΣ ΑΣΤΕΡΑ, et quelques restes de damasquinures en argent.

277, **277** *bis*, **278** et **278** *bis*. Heaumes anglais des xive et xve siècles.

279. Casque russe du xve siècle, à dôme pyramidal, offre des ornements en argent doré sur fer bruni, sans visière.

280. Ancien casque tartare à dôme pyramidal et fond argenté. Sur le couvre-nuque est l'inscription suivante en caractères arabes: *La fortune s'obtient par la patience; le bonheur consiste à modérer l'ambition*. Et sur la visière : *Dieu protége la maison d'Ali, il est juste et miséricordieux*.

281. Casque turc qui a appartenu à Bajazet II, fils de Mahomet II, conquérant de Constantinople. L'inscription, tracée en lettres d'or sur le bord du casque, dit : *L'Iman courageux, maître de la victoire, le Sultan Bayazid, fils du Sultan Mohammed-Khan*.

282. Casque à oreillettes, avec figures relevées et damasquinées représentant un combat.

283. Casque orné de figures relevées représentant un combat.

284. Casque à oreillettes, avec figures relevées en bosse, damasquinées et dorées. Sujet: un Guerrier assis, précédé d'un Amour et suivi d'un Génie qui lui met une couronne sur la tète.

285. Casque avec figures relevées et dorées : même sujet que celui de la rondache n° **428.**

286 à **292.** Bassinets du xive et du xve siècle.

293 à **300.** Heaumes : casques réservés aux seuls gentilshommes. Ils avaient une crète souvent très-élevée, quelquefois décorée par la figure d'un animal qui en formait le *cimier*.

301. Casque d'une forme bizarre, la visière représentant une figure grotesque.

302. Casque dont le cimier représente un griffon relevé en bosse.

303 à **310.** Casques de tournoi du xvie siècle; fonds polis damasquinés en or.

311. Heaume d'un très-beau travail. Sur le dôme est un dragon couvert d'écailles dorées; la visière, qu'on peut séparer du casque, présente une figure de vieillard.

312. Armet orné de figures relevées et dorées représentant un combat.

313. Autre armet, avec figures relevées et jadis dorées, représentant Persée délivrant Andromède.

314. Morion, avec figures relevées et dorées, représentant les amours de Vénus et de Mars.

315. Morion en fer, avec figures relevées en bosse et damasquinées. Le sujet est une Décollation.

316. Morion, avec figures relevées et damasquinées. Sujet : Neptune sur un char traîné par des monstres marins.

317. Morion orné de figures relevées et dorées, représentant un combat entre des dieux marins.

318 et 319. Morions chargés d'ornements damasquinés et dorés.

320. Morion damasquiné et doré.

321. Casque que portait à la bataille de Dreux le connétable Anne de Montmorency lorsqu'il fut atteint par une balle qui lui fracassa la mâchoire.

322. Armet; casque qui ne différait du heaume que par sa moindre pesanteur.

323 et 324. Morions, l'un avec ornements gravés, l'autre avec ornements dorés.

325. Morion, avec ornements gravés; on y voit encore quelques dorures.

326 à 339. Morions, coiffures de fantassin.

340. Morion, avec ornements gravés.

341 et 342. Armets, dont l'un avec ornements gravés et damasquinés en or.

343 à 348. Armets.

349. Casque du xve siècle.

350 à 354. Salades des xve et xvie siècles.

355 à 358. Casques du temps de Louis XI.

359. Casque du xvie siècle.

360. Casque sans visière, du xve siècle.

361. Casque d'archer, sous le règne de Louis XI.

362. Chapel ou capel de fer,

363. Casque de reître du temps de Louis XIII et de Louis XIV.

364. Casque de la même époque, avec bandes gravées et dorées.

365. Casque du temps de Louis XIV.

366. Casque à timbre, avec visière; le couvre-nuque manque.

367 à **377**. Cabassets.

378. Casque de fantassin, entouré de pointes mobiles.

379 à **383**. Calottes de fer de formes variées.

384 à **398**. Bourguignotes de différentes formes.

399 et **400**. Pots-en-tête : casques ordinairement très-pesants.

401. Casque de dragon, dernier modèle.

402 et **403**. Casque de nageur, proposé

par M. le vicomte de Gourtivron. Le soldat-nageur, pour traverser l'eau, porte sur la tête, au moyen de ce casque, son fusil et ses cartouches.

—

ÉTRIERS.

404. Belle paire d'anciens étriers à la mauresque, en fer découpé à jour et ciselé, donnés au Musée par le général Éblé.

(Deuxième galerie, tableau n° 2.)

405. Paires d'étriers arabes.

406. Étriers de tournoi.

407. Ancien étrier du xvie siècle.

408. Ancien étrier en fer sculpté et doré.

409. Étrier en bois.

410. Paire d'anciens étriers en fer poli; découpés à jour.

411. Autres étriers de différentes formes.

412. Étriers en fer poli, découpés à jour.

413. Étrier découpé à jour et doré. Il est fermé sur le devant, afin que le pied du cavalier, si celui-ci vient à tomber, ne reste pas engagé dans l'étrier.

414. Braguette d'armure du xvie siècle.

415. Coquilles d'épée découpées à jour.

416. Un éperon de forme mauresque.

417. Éperons arabes à pointes aiguës; la paire a été jadis dorée.

418 à **421.** Paires d'éperons du temps de Louis XIV et du commencement du règne de Louis XV.

422. Mors de bride du xvie siècle.

423. Mors de bride arabe.

BOUCLIERS.

424. Bouclier à fond uni, gravé et doré. L'ombilic, très-relevé, présente une tête de Chimère; six cariatides en relief, placées dans la direction du centre à la circonférence, partagent le champ du bouclier en six parties égales; un médaillon, représentant un Empereur romain, est placé au milieu de chacune de ces parties.

425. Bouclier en fer, avec figures relevées en bosse : l'ombilic porte une tête de Chimère avec ornements damasquinés; la frise est chargée de médaillons et de figures d'instruments de guerre, damasquinés en or. Entre l'ombilic et la frise, l'espace est partagé en quatre tableaux qui représentent Curtius, Mucius Scévola, Horatius Coclès et Manlius Torquatus.

426. Rondache de tournoi avec figures d'un grand relief damasquinées, sur fond doré. Le sujet est un combat.

427. Targe du xve siècle qu'on appelait aussi *pavoisine*. Elle porte les armes de Hongrie et de Bohême, et l'inscription : *Alma Dei genitrix Maria, interpella pro rege Mathia*. Elle a donc appartenu au roi Mathias Corvin.

428. Rondache de tournoi remarquable

par la beauté du travail. Des figures relevées et damasquinées en or et en argent représentent un guerrier à genoux aux pieds d'une femme.

429. Rondelle à poing, en acier, concave à l'extérieur, et hérissée de petites pointes : au milieu s'élève un cul-de-lampe, terminé par une avance en acier; autour de ce cul-de-lampe, parmi des feuillards dorés, on distingue un écusson écartelé aux armes de France et d'Angleterre, une rose couronnée, une herse et une grenade. Cette rondelle a peut-être appartenu au comte de Richemont, qui devint, en 1485, roi d'Angleterre, sous le nom de Henri VII.

430. Bouclier ovale avec figures relevées et dorées. Le sujet est un combat entre des dieux marins.

431. Grand bouclier ovale. Des figures en relief et dorées représentent un combat.

432. Ancienne rondache en fer poli, avec ornements en cuivre doré.

433. Petit bouclier à main en fer noir relevé.

434. Ancien pavois. Il est en bois et garni intérieurement de cuir. On lit au bas de ce pavois une inscription allemande dont voici la traduction : *L'an du Seigneur 1504, le mardi après le jour de l'élévation de la Sainte Croix, lorsque l'empereur Maximilien gagna la bataille contre les Bohémiens, devant la ville de Ratisbonne, ce pavois et un drapeau furent pris dans cette ville.*

435. Rondache de tournoi : figures relevées et damasquinées en or et en argent. Le sujet est le groupe de Laocoon.

436. Rondache de tournoi, avec figures relevées, autrefois damasquinées et dorées. Le sujet paraît être la présentation de la tête de Pompée à César.

437. Écu à gantelet. Le gantelet pour la main gauche y est fixé à demeure; au-dessus de ce gantelet est adaptée une branche coudée mobile, qui servait à tenir le bouclier en main; au-dessous du gantelet et contre la surface intérieure de l'écu est logée dans un fourreau une lame d'épée de 0^m,50 de longueur qui en sort horizontalement ; à la partie supérieure se trouve une ouverture ronde qu'on peut fermer au moyen d'une plaque à charnière : à cette ouverture est adaptée, sur le derrière du bouclier, une lanterne pour servir dans les combats de nuit.

438. Rondache de tournoi : au milieu une tête de Méduse d'un très-fort relief et d'un beau travail ; la frise est couverte de figures en relief plat sur fond doré. La tête de Méduse porte deux ailes à la hauteur des tempes.

439. Grande rondache convexe extérieurement : ombilic surmonté d'une pointe de fer ; frise damasquinée et dorée ; champ partagé par six bandes chargées d'ornements gravés.

440. Grande rondache portant sur l'ombilic des armoiries gravées, d'où partent six rayons aboutissant à une frise ; le tout couvert d'ornements gravés.

441. Ancien bouclier en fer poli : champ partagé par six nervures saillantes ; au milieu un ombilic uni, assez élevé, surmonté d'une pointe d'acier.

442 et 443. Petites rondaches en acier poli, concaves extérieurement, avec ombilic en pointe.

444. Bouclier à coude, en fer noir.

445. Grande rondache en fer uni, terminée par un cordon saillant.

446. Boucliers en fer poli, relevés à côtes.

447 et 448. Petits boucliers en fer poli.

449. Bouclier maratte, fait de peau de rhinocéros préparée de manière à la rendre transparente.

450 et 451. Anciens boucliers dont la surface extérieure est incrustée de petites pièces rectangulaires en os. Fauchet en décrit un semblable, qu'il dit avoir vu à un tournoi sous Henri II. On le portait, dit-il, au cou, et après la lance rompue, on l'embrassait.

452. Bouclier à main, en corne d'élan.

453. Grande rondache, convexe extérieurement, avec ombilic en pointe, garni en

cuivre doré : frise et champ couverts d'ornements gravés.

454. Belle rondache, avec ombilic en
pointe : champ partagé par cinq bandes gravées dans la direction du centre à la circonférence ; frise chargée d'ornements gravés.

455. Rondache à ombilic en pointe :
champ partagé par trois bandes gravées et
dorées dans la direction du centre à la circonférence ; frise gravée et dorée.

456. Autre rondache dans le genre de la
précédente : l'ombilic est entouré d'ornements gravés représentant des feuillages.

457. Écu en fer peint, représentant un
cavalier ; sur le derrière de l'écu, une lanterne pour servir dans les combats de nuit.

458. Ancien écu en bois, couvert de fer :
champ partagé par huit nervures saillantes.

459. Ancien bouclier en fer, très-lourd,
et représentant un cavalier peint.

460 et 461. Boucliers très-anciens, à fri-
ses ornées de rosaces en cuivre. Ces bou-

cliers, jadis dorés, sont d'une grande pesanteur.

462. Ancienne rondache portant trois coquilles sur l'ombilic. Le champ est partagé
par six nervures, entre lesquelles sont autant
de rosaces.

463. Écu en fer poli, représentant un
aigle relevé en bosse, portant au cou une
couronne et la croix de Lorraine.

464. Rondache à ombilic très-saillant.

465. Ancien bouclier en fer noir, très-
lourd.

466. Rondache en fer noirci : frise polie.

467. Ancien bouclier en fer noir, avec
ombilic en pointe.

(*Quatrième galerie.*)

468 à 470. Boucliers en roseaux, nattés
en soie, et bouclier en cuir bouilli, en usage
dans l'Inde.

471 à 473. Anciennes targes, ou boucliers que portaient les troupes armées à la

légère; elles ont été anciennement dorées, et présentent des traces d'inscriptions.

474. Écu en bois couvert d'une peau noircie, sur laquelle on distingue les restes de quelques ornements peints.

475 et 476. Rondaches en cuir bouilli, qui présentent un grand nombre de figures en relief. Au milieu de la première rondache est une femme que deux guerriers tiennent par les cheveux.

477. Bouclier en cuir bouilli, en usage dans l'Inde.

478. Ancien petit bouclier en fer noir; ombilic en pointe.

ARMES OFFENSIVES DE MAIN.

HACHES, MARTEAUX, MASSES, FOUETS, etc.

(Collection placée dans la grande galerie des armures.)

479 à **482**. Haches de guerre de différentes formes.

483. Hache anglaise à manche garni en argent.

484 à **487**. Haches d'armes de mameluk, en damas; deux d'entre elles sont damasquinées en or.

488 et **489**. Haches d'armes des mameluks de la garde impériale; manches garnis en cuivre cannelé.

490. Hache d'armes indienne en damas, avec incrustations en **or**; manche garni en vermeil.

491 à **493**. Autres haches d'armes; le n° **493** porte un pistolet dont la platine est cachée dans le manche.

494 et 495. Autres haches d'armes indiennes; l'une est plaquée d'argent, et l'autre en damas damasquiné d'argent.

496 à 499. Haches d'armes à crochets de ceinture; deux portent des pistolets à rouet; le n° 496 porte un petit poignard dans le manche, et le n° 497 un appareil pour moudre des grains.

500 à 503. Haches de cavalerie, modèles divers.

504. Hache d'abordage de marine, modèle 1833.

505 à 508. Haches portées par les licteurs de la République Cisalpine.

509 à 512. Haches de sapeurs d'infanterie, modèles divers.

513 à 519. Anciens marteaux d'armes avec crochets de ceinture; le n° 513 est gravé et n'a pas de crochet de ceinture.

520. Fort marteau à quatre dents. En tournant une bague placée près du marteau, on dégage un fer de lance, et le marteau peut alors servir d'arme d'hast.

521. Marteau d'armes égyptien, en damas ronceux.

522. Espèce de marteau d'armes à croc, ou bec de corbin.

523 et 524. Masses d'armes de connétable : les manches, ornés et parsemés de fleurs de lis, ont été jadis dorés.

525 à 528. Masses à manches en fers tors.

529. Masse d'armes à tête ronde, hérissée de pointes aiguës, richement damasquinée en or et en argent.

530. Masse d'armes d'un riche travail de ciselure ; les ailettes sont des dauphins surmontés de fleurs de lis : cette arme a évidemment appartenu à un dauphin de France.

531 à 533. Autres masses d'armes anciennes, des xve et xvie siècles.

534. Masse d'armes portant un poignard dans le manche.

535. Masse d'armes à fer quadrangulaire.

536. Masse d'armes très-pesante.

537 à 539. Masses d'armes avec pistolet à rouet. Le n° 537 est orné d'une belle ciselure.

540. Masse d'armes égyptienne, damasquinée en or; manche garni d'argent.

541 et 542. Masses d'armes turques, à tête ronde; au sommet une rosace damasquinée en or.

543. Masse d'armes de mameluk de la garde impériale; manche garni en cuivre cannelé.

544. Masse d'armes persane, damasquinée en or.

545 et 546. Fouets d'armes : l'un est en bois et garni en fer.

547. Fouet d'armes arabe, provenant de Damas et donné au Musée par M. de Ségur-Dupeyron, consul général de France à Belgrade.

548. Canne en fer massif.

549 à 552. Fléaux d'armes : l'un porte

une boule hérissée de pointes aiguës ; deux
autres présentent des fléaux en fer quadran-
gulaires, un autre enfin est muni d'un fléau
en bois, garni de fer, et hérissé de pointes
aiguës.

—

ARMES D'HAST.

(Quatrième galerie.)

553 et **554**. Haches à deux mains que
portaient les hommes de pied.

555. Hache russe à deux mains (Bär-
disch).

556 et **557**. Haches à deux mains, ou
pertuisanes portant hache et marteau.

558 et **559**. Haches d'infanterie suisse,
du xve siècle.

560. Hache à deux mains, portant un
marteau à quatre dents.

561 à **563**. Pertuisanes ou marteaux à
deux mains ; l'une garnie de dents et les

deux autres d'un pic; une des pertuisanes a sa masse en cuivre.

564 et 565. Espèce de marteau à deux mains; le fer, qui est très-allongé, peut glisser dans l'intérieur de la hampe et s'y cacher.

566. Lance de combat; cette arme, qui se brise en deux, à l'aide d'une charnière, est ainsi plus facile à transporter.

567. Pertuisane portant un marteau à quatre dents et une hache d'armes. La douille est en cuivre doré et d'un beau travail. On y remarque une rose sculptée d'où partent des rayons qui se prolongent sur la partie supérieure de la hampe dorée. Il est probable qu'on a voulu représenter la *rose-en-soleil*, devise d'Édouard IV, roi d'Angleterre, pour qui cette hallebarde a pu être fabriquée. Cette conjecture paraît d'autant mieux fondée, que le travail de cette arme porte des traces du goût anglais du xve siècle.

568 à 570. Faux de guerre et fauchards.

571 à 574. Serpes de guerre.

575 à 577. Couteaux de brèche, dont

l'un porte la date 1694 ; les deux autres sont aux armes impériales d'Autriche, avec la date 1666.

578 et 579. Autres couteaux de brèche, gravés et dorés.

580 et 581. Couteaux de brèche aux armes d'Espagne.

582 et 583. Autres couteaux de brèche : l'un porte une rondelle en fer à la hampe, et l'autre est gravé.

584. Couteau de brèche, à croc et à fer quadrangulaire.

585. Grand couteau de brèche chargé de damasquinures d'or et d'argent, aux armes du cardinal Borghèse, qui fut ensuite pape sous le nom de Paul V. (*Don fait au Musée par M. le prince* Borghèse , *en* 1836.)

586 et 587. Autres couteaux de brèche, de la même forme que le précédent.

588 et 589. Couteaux de brèche, ornés d'armoiries gravées portant un double aigle couronné et doré sur fond bleu.

590 et **591**. Hallebardes découpées à jour; fer long quadrangulaire; deux ailes à la base, dont l'une en forme de croissant, et l'autre terminée par une seule pointe.

592 et **594**. Hallebardes à fer très-long et quadrangulaire.

595 et **596**. Lance à ailes, avec fer long et quadrangulaire.

597 et **598**. Anciennes hallebardes gravées, avec fer long quadrangulaire, à deux ailes à la base, dont l'une en forme de croissant, et l'autre terminée par une seule pointe.

599. Pertuisanes à ailerons renversés, du xve siècle.

601 et **602**. Autres hallebardes avec deux ailes à la base, l'une et l'autre en forme de croissant.

603 à **605**. Autres hallebardes du xve siècle.

606. Hallebarde à fer flamboyant, portant deux ailes à la base, l'une en forme de hache, et l'autre en pointe.

607. Hallebarde italienne du xve siècle.

608. Petite pertuisane dont le fer est en forme de feuille de sauge ; d'un côté est gravée la figure du Christ sur la croix ; les ailerons sont l'un en forme de croissant, l'autre en pointe.

609. Pertuisane de la même forme et gravée aux armes impériales d'Autriche : d'un côté un guerrier, et de l'autre une femme couronnant un enfant. Elle porte la date 1566.

610 à **614**. Pertuisanes de la même forme, à ailes, l'une large et l'autre pointue ; elles sont gravées et à fer en forme de feuille de sauge : l'une d'elles porte la date 1597 et les armes impériales ; une autre porte la date 1551.

615 et **616**. Pertuisanes à ailerons, ou hallebardes à fer large ; elles sont gravées aux armes impériales, et ont été jadis dorées : l'une porte la date 1564, et l'autre 1571.

617 et **618.** Pertuisanes, ou hallebardes à fer long et large; deux sont gravées; l'une est aux armes de Saxe.

619 et **620.** Hallebardes corbin des xvie et xviie siècles.

621 à **623.** Lances de combat des xve et xvie siècles.

624 à **626.** Pertuisanes, à ailes en forme de hache, et à fer quadrangulaire.

627 à **630.** Pertuisanes ou hallebardes, à ailes à la base, dont l'une large et l'autre pointue; le fer très-long et large: toutes sont gravées.

631 à **635.** Pertuisanes à fer large et long, toutes gravées: deux sont aux armes de Bavière et portent la date 1677; les trois autres sont aux armes d'Autriche.

636 et **637.** Pertuisanes à ailes; l'une porte une croix dorée..

638 à **653.** Pertuisanes à lame large, quelquefois très-allongée, et à pointe aiguë. Elles étaient en usage dès le temps de François Ier, et ont continué d'être employées longtemps après.

654 à 657. Petites pertuisanes gravées et dorées portant le chiffre de Charles VI, empereur d'Allemagne.

658 et 659. Pertuisane en forme de trident ou d'angon.

660 à 662. Petites pertuisanes gravées; l'une est au chiffre de Charles VI.

663 à 666. Pertuisanes simples du xvie siècle.

667 et 668. Pertuisanes : l'une est ornée des armes de France soutenues par deux lions, l'autre parsemée de fleurs de lis damasquinées en argent.

669. Guisarme du xvie siècle.

670 et 671. Pertuisanes. Sur l'une on voit gravées les armes de France, et de l'autre côté le soleil; sur l'autre, on voit un lion et un aigle, et les rayons du soleil sculptés. Ces armes sont du temps de Louis XIV et du commencement de son règne.

672 à 678. Petites pertuisanes de différentes formes.

679 et 680. Pertuisanes à fer large : l'une porte un aigle à deux têtes.

681 et 682. Hallebardes corbin du xviiie siècle.

683 et 684. Petites hallebardes françaises, gravées et dorées.

685 et 686. Hallebardes de la même forme que les précédentes. L'une d'elles est gravée et porte le chiffre de Charles VI, avec l'aigle à deux têtes.

687 à 692. Espontons, armes d'officier d'infanterie.

693 et 694. Lances : l'une d'elles est damasquinée en argent.

695 et 696. Javelots ; les hampes sont parsemées de fleurs de lis dorées.

697 à 700. Javelots : deux sont en acier poli et cannelés ; les trois autres sont montés sur une petite hampe en bois.

701. Lance ou javelot turc, en damas.

702. Lance de tournoi ou lance gracieuse. Les ailes sont travaillées à jour, relevées d'or et de couleurs, ainsi que le pied. Un velours cramoisi et des franges ornaient la poignée. (*Don fait au Musée par M. Cartier.*)

703. Lance de tournoi. Elle est encore munie de la tringle et de l'anneau destinés à la soutenir en arrêt.

704 à **706.** Lances garnies de serpentins ou porte-mèches.

707. Porte-mèche indien, orné de damasquinures en or.

708 et **709.** Petites pertuisanes portant pic et hache d'armes.

710. Lance-pistolet à rouet.

711. Lance richement damasquinée et dorée, portant un pistolet à rouet.

712. Pertuisane avec double pistolet à rouet. Le fer est en forme de hache.

713. Espèce de croc garni d'un pistolet à batterie, dont la platine est cachée dans l'intérieur de la hampe.

714. Lance avec pistolet à batterie.

715. Petite hache d'armes ou pique munie d'un pistolet à batterie.

716. Lance ou estocade espagnole de 2 mètres de long, que l'on peut réduire au tiers de sa longueur au moyen de deux charnières; ainsi raccourcie, elle peut être portée au côté en guise d'épée.

La poignée est en fer ciselé; quatre têtes de Maures s'y trouvent sculptées.

717 à **719.** Harpins de différentes formes.

720 et **721.** Fourches à couteau et à crochet, et d'autres formes variées.

722 à **727.** Fourches à croc qui étaient portées par les sous-officiers des compagnies de grenadiers de l'ancien régiment Dauphin.

Le 1er avril 1691, au siége de Mons, les grenadiers de ce régiment, commandés par le maréchal de Vauban, emportèrent d'assaut un ouvrage à cornes, saisirent les fourches des Autrichiens morts, en tuèrent beaucoup d'autres et firent le reste prisonniers de guerre. Louis XIV, voulant perpétuer une action aussi honorable, permit aux sergents de grenadiers *seulement* de porter ces fourches au lieu de mousquets.

Le régiment du Perche (une des souches de l'ancien 102e) ayant dédoublé avec le régiment Dauphin, les sous-officiers ont gardé l'usage de cette arme, qui a été ensuite conservée dans le 102e jusqu'à son licenciement. (*Extrait des registres matricules du 102e régiment.*)

728 et **729**. Fourche à croc du XVIe siècle.

730 et **731**. Hallebardes à fer flamboyant des Suisses de la garde de Louis XIV.

732 et **733**. Hallebardes de la même époque, mais différentes de forme.

734. Pertuisanes des gardes de la Manche du roi Louis XIV.

735. Pertuisanes du temps de Louis XV.

736 et **737**. Pertuisanes damasquinées en or, du temps de Louis XVI.

738 à **740**. Piques d'infanterie.

741 à **743**. Pertuisanes à lame large, courte et flamboyante, de la fin du XVIIIe siècle.

744 et **745**. Piques de 1793.

746 et **747**. Piques hollandaises, prises à la citadelle d'Anvers en 1833.

748 à **452**. Épieux de veneur, employés à la chasse du sanglier.

753. Lance indienne, peut-être un épieu de chasse.

754 à **757**. Épieux de chasse en usage dans l'Inde; le talon est en forme de houlette.

758. Ancien fauchard turc.

759 et **760**. Lances indiennes en damas.

761. Lance arabe prise au combat de Karguenta, près d'Oran.

762 et **763**. Lances égyptiennes, damas-quinées en or.

764. Lance que portait, dit-on, le hulan qui tua la Tour-d'Auvergne.

765 et **767**. Anciennes lances de formes différentes : l'une d'elles a le fer quadrangu-laire.

768. Lance à coulisse. Projet non adopté.

769. Lances d'invalides.

770. Lance des lanciers polonais de la garde impériale.

771 et **772**. Modèles de lance de l'an ix.

773 et **774**. Lances de lancier, modèle 1816.

775. Lance de lancier, modèle 1823.

776. Lance des lanciers danois, modèle 1832.

777. Lance anglaise pour la cavalerie légère.

778. Lance de cavalerie autrichienne.

779. Lance de la marine anglaise.

780. Grandes lances ou piques anciennes, portées par les compagnies de piquiers du xve siècle.

ESPADONS, ÉPÉES, FLAMBERGES, etc.

(Quatrième galerie.)

781 à **799**. Grandes épées et espadons à deux mains, les uns à lames droites, les autres à lames flamboyantes; des xve et xvie siècles.

800 et **801**. Grands sabres à deux mains de la même époque.

802. Forte épée à deux mains, à lame triangulaire.

803 et **804**. Fleurets d'espadon : ce sont des armes courtoises, dont la pointe est arrondie et le tranchant émoussé, dont on se servait pour apprendre l'escrime.

805 et **806**. Épées fourrées ou en bâton à deux mains, du xvie siècle.

807 et **808**. Estocades à deux mains : armes en usage dans le xvie siècle.

809. Épée dite *demi-espadon*, trouvée en décembre 1835, dans le bois de Satory, près de Versailles. (*Don de S. M. Louis-Phi-lippe au Musée de l'Artillerie.*)

810 et 811. Épées en usage au XIVe siècle.

812 et 813. Anciennes épées dites *bra-quemarts*; lames à deux tranchants, et bouts arrondis, avec pommeaux lourds et quillons droits.

814 à 819. Épées des XIVe et XVe siècles: lames à deux tranchants, pointes aiguës; pommeaux pesants, quillons droits ou un peu courbés.

820 à 826. Épées du XVe siècle: lames à deux tranchants, aiguës; pommeaux lourds, gardes à deux quillons recourbés vers la pointe.

827. Ancien coutelas: lame large, dos denté en scie; d'un côté sont gravés une montagne, une couronne, un croissant et une étoile, et au-dessus: *Ne movear in terra ad dexteram Jehova.*

828. Épée fleuret à un tranchant.

829 à 833. Épées de la fin du XVe siècle

et du commencement du xvie : lames plus ou moins larges à deux tranchants, quillons surmontés d'un simple anneau. Les deux dernières ont la garde et le pommeau sculptés et dorés.

834. Épée dont la poignée tient au fourreau ; la lame qui se trouve dans ce fourreau est détachée de la poignée ; en la poussant au moyen d'un bouton qui y est adapté, elle sort du fourreau par le bout inférieur, et y reste fixée au moyen d'un ressort. L'épée double ainsi de longueur, et devient une espèce d'arme d'hast.

835. Ancienne épée saxonne du xve siècle.

836. Épée du xve siècle, à garde et pommeau quadrillés.

837. Épée espagnole. Sur la lame on lit : *In te, Domine, speravi.*

838. Épée du commencement du règne de François Ier : pommeau à pans, quillon droit.

839. Épée du commencement du xvie siècle : pommeau à poire, quillon droit, avec des damasquinures en or et en argent.

840. Forte épée de combat, à lame renforcée.

841 et **842**. Épées jumelles ou épées de combat singulier; elles sont fabriquées symétriquement, de manière à pouvoir être mises l'une à côté de l'autre, dans le même fourreau.

843. Épée du xvie siècle; anneaux doubles, quillon droit.

844. Épée du xvie siècle : pommeau arrondi; poignée compliquée, avec des ornements en forme de perles, damasquinée en or et en argent.

845. Ancienne épée espagnole de la fin du xvie siècle, découpée à jour et présentant un assemblage de chaînettes à anneaux carrés; sur la lame, d'un côté: *Iesus*, et de l'autre: *Valencias*.

846. Ancienne épée allemande, à poignée en cuivre doré, chargée d'ornements ciselés; sur la lame on lit : *Clemens Horn me fecit, Solingen*.

847. Épée du xvie siècle; poignée sculptée.

848. Épée du milieu du xvie siècle: gros pommeau en forme de vase, coquille compliquée, quillons arqués en sens contraire. Sur la lame on lit: *Joannes me fecit.*

849. Ancienne épée: lame étroite à deux tranchants, portant, d'un côté, les armes d'un dauphin, et, de l'autre, celles de la Tour-du-Pin; poignée ciselée et dorée.

850. Ancienne épée; lame large à deux tranchants, quillons arqués en sens contraire, coquille compliquée, damasquinée en or.

851. Épée espagnole du temps de Charles-Quint : poignée en fer à double anneau, pommeau lourd et arrondi; lame de Tolède, du célèbre fourbisseur Alonzo de Sahagon.

852. Ancienne épée allemande : garde compliquée, quillons recourbés vers la poignée.

853. Épée espagnole du commencement du xvie siècle, à quillons droits; lame de Tolède de A. de Sahagon.

854. Ancienne épée : lame large, pommeau à pans, quillons droits.

855 et 856. Épées de la fin du xve siècle ou du commencement du xvie : pommeau à pans et à poire, branche joignant le pommeau à la garde, quillons droits; deux pitons s'élèvent sur le plat de la lame.

857. Épée ancienne : lame espagnole portant la date de 1529.

858. Autre épée de la même époque : gros pommeau à pans; garde surmontée d'un anneau.

859. Épée du commencement du règne de François Ier; pommeau à pans arrondis, quillons droits, branche recourbée vers le pommeau.

860. Ancienne épée : poignée semblable à la précédente, mais damasquinée en or.

861. Épée du temps de François Ier : pommeau à pans ciselés, poignée compliquée, quillons recourbés.

862. Estocade, arme de chasse : poignée semblable aux précédentes.

863. Épée ancienne : garde semblable aux précédentes, et à branches sarmenteuses et noueuses, avec des restes de dorure.

864. Épée du xvie siècle : poignée compliquée, branche et pommeau cannelés, jadis dorés.

865. Épée du xvie siècle : pommeau arrondi, poignée compliquée et damasquinée en or.

866. Épée allemande : garde compliquée, coquille découpée à jour. Sur la lame deux médaillons, dont l'un représente l'archiduc Albert.

867. Épée de la fin du xve siècle : poignée très-compliquée, branche et pommeau ciselés et damasquinés en or. Elle porte sur le haut de la lame : *Petro Caimo, L. Leo. De Lio.*

868. Épée du xvie siècle : garde compliquée, dorée.

869. Épée de la fin du xve siècle : poignée très-compliquée, branche et pommeau ciselés et damasquinés en or.

870. Épée de la fin du xve siècle : poignée

volumineuse, branche et pommeau percés à jour, jadis dorés.

871. Forte épée allemande : garde volumineuse, découpée à jour; pommeau évidé et ciselé, xve siècle.

872. Épée du temps de François Ier : coquille réunie au pommeau par deux branches; poignée damasquinée et dorée; sur le pommeau quelques feuilles sculptées.

873. Forte épée allemande : garde volumineuse, jadis toute dorée.

874 et **875**. Épées du xvie siècle; gardes compliquées.

876. Longue épée espagnole : quillons droits, garde volumineuse.

877. Épée du xve siècle : poignée volumineuse, pommeau et branche percés à jour.

878 et **879**. Longues épées espagnoles : quillons recourbés, coquille compliquée.

880. Forte épée de combat : lame triangulaire, coquille jadis argentée, gardes compliquées.

881 à **883**. Épées espagnoles : lames larges et aiguës.

884. Dague espagnole : lame triangulaire ; une des arêtes chanfreinée en zigzag ; poignée en fer ciselé et découpé à jour.

885. Épée espagnole : grands quillons droits, coquille hémisphérique, jadis dorée.

886. Autre épée espagnole : quillons droits, coquille hémisphérique, percée à jour ; lame quadrangulaire.

887 à **890**. Épées espagnoles ; garde à quillon droit, coquille hémisphérique percée à jour ; lame longue et étroite.

891. Épée espagnole : lame large et aiguë, poignée en fer, coquille percée de petits trous ; branches recourbées sur le pommeau.

892. Épée espagnole : le dos de la lame chanfreiné en zigzag ; poignée en fer ciselé et découpé à jour.

893 à **897**. Épées espagnoles : poignées en fer, coquilles percées de petits trous. Sur la lame de l'une d'elles est la figure de la

Justice, et sur une branche de la poignée, le nom de Vial.

898 et 899. Épées flamandes : coquille percée de petits trous ; garde compliquée, jadis argentée.

900. Épée du xviie siècle, de Clément Poeter. On y trouve la date 1635. Poignée sculptée, coquille découpée à jour.

901. Épées italiennes du xviie siècle : monture et coquille travaillées à jour et dorées.

902. Petite épée du temps de Louis XV. On lit sur la lame : *Magasin royal.*

903 et 904. Longues épées, portées par les Suisses de la garde du pape, xviie siècle.

905. Large épée indienne : la lame est fixée entre deux longues branches qui partent de la poignée.

906. Autre épée indienne : lame large en damas, poignée dorée.

907. Ancien coutelas, ou sabre droit :

quillons surmontés d'une coquille carrée, cannelée et dorée; pommeau gravé et doré.

908. Ancien cimeterre : poignée et garde en fer gravé et doré; lame large et épaisse, avec ornements gravés et dorés. Sur l'un des côtés se voit Thémis tenant la balance et le glaive.

909. Sabre du XVIe siècle, garni d'un pistolet à rouet. Le canon du pistolet est forgé sur le dos du sabre; la poignée et la lame gravées, jadis dorées.

910. Autre sabre de la même époque, qu'on pourrait nommer aussi hache d'armes à pistolet.

911 et **912.** Épées avec pistolet à batterie sur le côté de la lame.

913. Épée italienne à coquille, du XVIIe siècle.

914 et **915.** Anciens sabres italiens : gardes très-simples. Sur la lame on voit des traces de damasquinure d'or.

916. Autre sabre italien, du commencement du xvie siècle : poignée sculptée et damasquinée en or.

917. Ancien cimeterre : pommeau et garde ciselés et dorés.

918. Sabre ancien : garde et pommeau sculptés et dorés.

919. Cimeterre : poignée en fer doré, sur laquelle sont ciselés des serpents.

920 et **921**. Claymores écossaises.

922. Ancien sabre : lame cintrée comme celle des khandjars turcs.

923. Sabre arabe : poignée en corne de rhinocéros, garde damasquinée en or.

924 et **925**. Sabres rapportés de l'Algérie, et donnés au Musée par M. le colonel Guiod.

926. Sabre asiatique : poignée jadis damasquinée en or.

927. Sabre asiatique : poignée damasquinée en argent, lame de damas dentée en scie.

928. Épée asiatique, lame à deux tranchants dentés en scie, pommeau en losange :

des légendes arabes sont appliquées sur la lame, la garde et le pommeau.

929. Épée à coquille ciselée et dorée, aux armes de Pologne.

930 à **934**. Sabres de soldat du XVIIe siècle.

935. Épée à grande coquille en cuivre, jadis argentée.

936. Grand cimeterre asiatique : lame de damas, poignée argentée; le tout pesant 6 kilogrammes. Arme dont on se servait probablement pour les exécutions.

937. Sabre votif provenant du Fezzan ; il a été donné au Musée par M. de Lesseps, consul de France.

938. Flissa des Kabyles, donné par M. Ruy, capitaine du génie.

(*Armoire de la quatrième galerie.*)

939. Épée du XVIe siècle : poignée chargée de sculptures et dorée.

940. Épée du xvie siècle : pommeau arrondi, poignée compliquée, damasquinée en or et en argent.

941. Épée de connétable, avec le fourreau parsemé de fleurs de lis en cuivre doré.

942. Épée du xvie siècle : pommeau arrondi et cannelé, garde compliquée, damasquinée en or. Elle porte la date 1570, et le nom de *Thomas de Aiala*. On dit, sans aucune preuve, qu'elle a appartenu à Charles IX.

943. Lame ancienne, avec calendrier gravé sur les deux côtés de la lame. (*Don fait au Musée par* M. Héricart de Thury.)

944. Ancienne épée : poignée compliquée et chargée de damasquinures et de sculptures; le pommeau en forme de vase.

944 *bis.* Épée du xviie siècle; pommeau et garde très-ornés en bossage et damasquinés en argent.

945. Ancienne épée à l'espagnole : coquille couverte d'ornements en chaînettes argentées; on croit qu'elle a appartenu à Louis, prince de Condé.

946. Belle épée à l'espagnole : poignée richement sculptée, en acier bruni, fond doré. Cette arme a été apportée de Naples par le général Éblé ; elle passe pour être l'ouvrage de Benvenuto Cellini, et elle a appartenu, dit-on, au comte de Lannoy, vice-roi de Naples.

947. Épée portant les armes de Montmorency, et qui doit avoir appartenu au connétable Anne ou à son frère le maréchal François de Montmorency : lame espagnole de Jean de la Orta.

948. Épée : poignée en acier quadrillé. La lame présente, d'un côté, l'effigie de Jean-George, électeur de Saxe, et, de l'autre, celle de l'empereur Ferdinand II.

949. Épée à poignée en acier richement sculpté. On lit sur les branches de la garde : *Petrus Ancinus regiensis,* 1661. Elle porte gravée sur la lame et sculptée sur la poignée, l'aigle de la famille d'Este.

950. Épée du maréchal de Papenheim, portée par lui à la bataille de Lutzen, où fut tué le roi Gustave-Adolphe; la lame est gravée et porte un calendrier avec les douze signes du zodiaque. Donnée au Musée par M. le capitaine Paultre de la Motte.

951. Épée du xvi⁰ siècle : sur la lame, d'un côté, un médaillon représentant le roi Charles VIII, avec ces mots : *Charles VIII succéda à son père Louis XI*; de l'autre côté, un médaillon représentant Philippe-Marie, duc de Milan.

952. Ancienne épée : poignée dorée, présentant un beau groupe sculpté. Sur la lame sont les armes de la maison d'Este.

953. Épée à lame ondoyante, sur les deux côtés de laquelle est gravé l'*Ave Maria*.

954. Épée à poignée, garde et coquille en acier, découpés à jour; cette épée est de l'époque de Louis XIV.

955. Épée d'enfant : sa forme est celle des épées du règne de Louis XIV. Elle aurait, dit-on, servi au grand dauphin.

956. Épée attribuée au dauphin fils de

Louis XIV : poignée en agate et garde enrichie d'émeraudes.

957. Sabre d'Étienne Batory et postérieurement de Sobieski. On lit sur la lame, en lettres d'or : *Stephanus Batoreus, rex Poloniæ,* A (*nno*) D (*omini*) 1575. Poignée en or émaillé; deux médaillons placés à la garde représentent Mars et Minerve : le pommeau porte le chiffre du roi Sobieski. Le fourreau est garni de bélières, et d'un bout en or émaillé.

958. Épée à poignée en ivoire richement ciselée.

959 et **960.** Épées de cour, du temps de Louis XIV.

961 et **962.** Épées de cour, sous le gouvernement de Charles X.

963. Sabre de général de division de cavalerie, avec ceinturon richement brodé en argent sur drap écarlate; en usage sous le gouvernement républicain.

964. Épée de directeur, sous le gouvernement républicain : poignée en ébène; pom-

meau et garde en cuivre ciselé et doré; fourreau en acier bruni avec garniture en cuivre
ciselé et doré; baudrier richement brodé en
or sur drap blanc.

965. Épée de maréchal de France : manche en nacre, pommeau et garde en cuivre
richement ciselés et dorés; fourreau en velours.

966. Épée d'honneur que le Directoire
exécutif de la République française donna au
général Lefebvre (depuis maréchal duc de
Dantzig), l'an VII (1799), après l'affaire de
Stokach, où il fut grièvement blessé en se
défendant avec huit mille hommes contre
trente-six mille Autrichiens.

967. Épée portée par les membres du Directoire exécutif; fourreau garni en argent
ciselé.

968. Épée en usage sous l'ancien gouvernement républicain; on lit sur la croisette :
Unité; Peuple français; sur la lame : *Pour le
salut de la patrie. Pour ramener la paix.* On
croit que cette épée fut donnée à Barras, lors-

qu'il reçut le commandement de l'armée de Paris, le 13 vendémiaire de l'an IV.

969. Épée en vermeil ayant appartenu au roi Murat; il portait cette arme avec le manteau royal. Le fourreau est en nacre, et la poignée en agate jaspée. Donnée au Musée par M. H. Lepage, arquebusier.

970. Sabre turc qui a appartenu à M. le général Berge.

971. Épée d'officier supérieur, règne de Charles X.

972. Sabre en acier taillé offert par le roi Murat au général de ***, et donné au Musée de l'artillerie par M. H. Lepage, arquebusier.

973. Modèle du sabre exécuté en 1803 par Jean Lepage pour être offert au premier consul en 1804. Henri Lepage son fils reconstitua ce modèle en rassemblant toutes les parties restées entre ses mains. Le nom de Bonaparte, premier consul, est inséré dans le damas même de la lame. Donné au Musée par M. H. Lepage, arquebusier.

974. Sabre offert par la ville de Milan au prince Eugène Beauharnais ; lame en damas oriental, fourreau et poignée garnis en argent : la chaîne de la garde porte sur un écusson d'argent une bague chevalière avec le chiffre du prince E. N. ; au revers, une tête d'enfant en or, avec les lettres ET. OL. RA. HC. Les croix de la Légion d'honneur et de la Couronne de fer sont incrustées dans la garde, et sur les côtés de la chape du fourreau sont placées les légendes des deux ordres : Honneur et Patrie ; *Dio me l'a data, guari à chi la tocca.* Donné au Musée par M. H. Lepage, arquebusier.

975. Canne à épée, poignée en acier taillé.

976. Sabre d'officier d'infanterie de la fin du règne de Louis XIV.

977. Sabre de grenadier à cheval ; même époque.

978. Sabre d'officier de cavalerie du temps de Louis XV.

979. Sabre de cuirassier, modèle 1790.

980. Sabre de grosse cavalerie, modèle 1790.

981 et **982**. Sabres de chasseur à cheval, modèle 1790.

983 à **985**. Sabres de hussards, modèle 1790.

986. Sabre modèle dit de Montmorency; porté par les dragons de Custine.

987. Sabre de grenadier à cheval, 1793.

988 à **993**. Sabres de gendarmerie, modèle 1790.

994 à **996**. Sabres d'officier de gendarmerie, même modèle.

997. Sabre d'artillerie à cheval, modèle 1792.

998. Sabre d'artillerie à pied, modèle antérieur à 1790.

999. Sabre d'artillerie de marine; même époque.

1000. Sabre d'infanterie, dit briquet; modèle antérieur à 1790.

1001. Sabre d'abordage, modèle 1782.

1002 et **1003**. Sabres d'élève de l'école de Mars, 1796.

1004 et **1005**. Sabres de grosse cavalerie, modèle de l'an XI.

1006 et **1007**. Sabres de dragon, modèle de l'an XI.

1008 et **1009**. Sabres de cavalerie légère, modèle de l'an XI.

1010. Sabre d'officier. Même époque ; on lit sur la lame : *Vive la Nation. Vaincre ou mourir.*

1011 à **1015**. Sabres d'honneur pour la cavalerie. Époque du Directoire exécutif.

1016 et **1017**. Sabres de cavalerie de la même époque : poignée et fourreau en vermeil.

1018 et **1019**. Sabres d'honneur, garnis en argent. Époque du Consulat.

1020. Sabre d'honneur garni en argent, pour l'infanterie.

1021. Sabre d'artillerie de la garde des

consuls. Donné au Musée par M. le baron Doguereau, général de division.

1022 à 1025. Sabres de grenadier à cheval de la garde impériale.

1026 et 1027. Sabre de chasseur à cheval de la garde impériale.

1028. Sabre d'infanterie de la garde impériale.

1029. Sabre de sapeur de la garde impériale.

1030. Sabre des marins de la garde impériale.

1031 à 1034. Sabres de deuil pour les officiers de cavalerie.

1035 à 1039. Sabres de mousquetaire; règne de Louis XVIII.

1040 à 1049. Sabres des gardes du corps du roi; règne de Louis XVIII; différents modèles.

1050 et 1051. Sabres de récompense; règne de Louis XVIII.

1052 à **1054**. Sabres d'officier de grosse cavalerie, modèle 1816.

1055. Sabre de cavalier, même modèle.

1056. Sabre d'officier de cavalerie légère, modèle 1816.

1057. Sabre de cavalier, même modèle.

1058. Sabre d'infanterie, modèle 1816.

1059 et **1060**. Sabres d'artillerie à pied, modèle 1816.

1061. Sabre de tambour-major, modèle 1822.

1062 et **1063**. Sabres d'officier d'infanterie et d'adjudant sous-officier, modèle 1821.

1064 à **1066**. Sabres d'officier de grosse cavalerie, modèle 1822.

1067 à **1070**. Sabre de cavalier, même modèle.

1071 à **1073**. Sabres d'officier de cavalerie légère, modèle 1822.

1074. Sabre de cavalier, même modèle.

1075. Sabre d'officier de cavalerie légère,

la lame est gravée; on y lit l'inscription suivante: *Donné par le Prince royal.*

1076. Sabre d'officier d'artillerie, modèle 1829.

1077. Sabre de canonnier monté, même
modèle.

1078. Sabre d'infanterie, modèle 1831.

1079 et 1080. Sabres de marine. Le
n° 1080 est le modèle 1833.

1081. Sabre d'officier supérieur d'infanterie, modèle 1845.

1082. Sabre d'officier d'infanterie, modèle 1845.

1083. Sabre d'officier d'infanterie, avec
projet de pistolet dans la poignée : proposé
par M. Bret, officier au 75e de ligne.

1084 et 1085. Anciennes épées de cour.

1086 et 1087. Épées de récompense;
règne de Louis XVIII.

1088 et 1089. Épées d'officier du génie;
modèles divers.

1090. Épée d'officier d'artillerie.

1091 à **1094.** Épée de sous-officier d'artillerie, modèle 1816 ; elle n'est plus portée maintenant que par les sous-officiers du génie.

1095 et **1096.** Projets de sabre de cavalerie de réserve, à lame triangulaire évidée.

1097 à **1100.** Projets de sabre de grosse cavalerie et de cavalerie légère.

1101. Projet de sabre-baïonnette, proposé en 1838.

1102. Projet de sabre d'infanterie, à garde en fer.

1103. Projet de sabre de marine, à double pistolet.

1104. Sabre d'officier écossais avec coquille dorée.

1105 à **1114.** Sabre de cavalerie de ligne et de cavalerie légère, en usage dans l'armée anglaise.

1115. Sabre de sous-officier d'artillerie anglaise.

1116 à **1123.** Sabres d'infanterie de différents modèles, en usage dans l'armée anglaise.

1124 à 1126. Sabres de la cavalerie autrichienne.

1127. Sabres de l'infanterie autrichienne.

1128 et 1129. Sabres de la cavalerie prussienne.

1130. Large épée prussienne; le fourreau garni en cuivre.

1131. Autre épée prussienne.

1132 et 1133. Sabres d'infanterie en usage dans l'armée prussienne.

1134. Sabre de la cavalerie espagnole.

1135. Sabre de l'infanterie espagnole.

1136. Sabre de la cavalerie de ligne danoise.

1137. Sabre de la cavalerie légère danoise.

1138. Sabre danois pour les sous-officiers d'infanterie; le fourreau porte un autre petit fourreau pour la baïonnette de la carabine.

1139 à 1142. Sabres de l'infanterie danoise, différents modèles.

1143. Sabre de la cavalerie de ligne suédoise.

1144. Sabre de la cavalerie légère suédoise.

1145. Sabre des hussards suédois.

1146. Sabre de l'artillerie suédoise.

1147 et 1148. Sabres de l'infanterie badoise.

1149 et 1150. Sabres de cavalerie légère, modèle inconnu.

(*Au-dessus des râteliers des anciennes épées et des sabres modernes, ont été formés quatre trophées*) :

Le premier est composé d'épées et de sabres d'artillerie et d'infanterie, des anciens modèles ;

Le deuxième, de sabres de cavalerie en usage sous la République ;

Le troisième, de sabres en usage sous l'Empire, et du modèle 1816 ;

Le quatrième, de sabres étrangers de cavalerie, de lames de sabres de cavalerie et d'infanterie, et d'épées, provenant de la fabrique de Tolède, modèle 1823.

—

SABRES TURCS ET POIGNARDS.

(Dans l'armoire de la troisième galerie.)

1151. Lame de sabre turc, beau damas noir de l'ancienne fabrique de Constantinople.

1152. Lame de sabre en beau damas.

1153. Sabre albanais, du général Marco Botzaris; poignée en argent massif richement ciselé, avec fourreau garni d'argent.

1154. Sabre persan de très-belle qualité, très-sonore : garnitures en damas fin, richement ornées d'or.

1155 et **1156.** Sabres asiatiques : lames en damas, poignées richement damasquinées, en or.

1157 et **1158.** Deux yatagans turcs : lames damassées, poignées et fourreaux garnis en argent relevé en bosse et ciselé.

5

1159. Trousse de maître d'hôtel du sérail, contenant trois couteaux, deux grands et un petit : lames de damas; manche en dent d'hippopotame. Le fourreau de la trousse est en vermeil, repercé et orné de pierreries.

1160. Sabre persan d'acier très-fin; très-sonore. Les garnitures sont en beau damas et ornées d'inscriptions arabes.

1161. Lame de sabre d'officier de marine turc, en damas uni; très-sonore.

1162. Lame de damas blanc, de l'espèce de ceux qu'on fabriquait à Constantinople, et qu'on appelle pour cela *stamboulis*.

1163. Yatagan de mameluk : poignée et garniture du fourreau en argent ciselé et relevé en bosse.

1164. Khandjar turc : poignée en ivoire.

1165. Khandjar turc : poignée en corne, ornée de pointillé en cuivre.

1165 *bis.* Petit couteau turc, avec son fourreau; lame de damas, avec des caractères arabes en or : poignée en ivoire garnie de pierreries ; fourreau garni de turquoises.

1166 et 1167. Deux sabres turcs : poignées et fourreaux garnis en argent relevé et ciselé.

1168. Sabre indien : la poignée en argent massif sculpté ; le fourreau tout garni en argent ciselé.

1169. Khandjar turc et son fourreau : lame damassée, poignée garnie de grains de corail ; fourreau en argent, garni aussi de corail.

1170. Yatagan turc en gros damas ronceux, avec incrustations en argent.

1171. Khandjar turc : poignée en corne, garnie de pointillé en cuivre.

1172. Yatagan persan, très-fin : monture en dent d'hippopotame, fourreau garni d'argent.

1173 et 1174. Yatagans turcs : lames en damas ; fourreaux et poignées en argent ciselés, provenant de la Bibliothèque impériale.

5.

1175 et **1176**. Yatagans indiens à lames en gros damas. Le n° **1176** est très-riche de ciselure et de damasquinure en or; provenant de la Bibliothèque impériale.

1177 et **1178**. Yatagans indiens à lames en gros damas et damasquinées en or, avec manches ornés d'or et d'argent; les fourreaux sont garnis de chapes et d'embouts en or et en argent.

1179 et **1180**. Sabre asiatique à lame en damas; avec garde et poignée dorées.

1181. Riche sabre asiatique à lame en damas fin : toute la poignée est en jade et ornée de pierres fines; provenant de la Bibliothèque impériale.

1182. Sabres et épées en usage dans l'armée chinoise; rapportés par l'ambassade française, en 1846.

POIGNARDS.

(Quatrième galerie.)

1183. Poignard turc : poignée d'ébène.

1184. Poignard indien courbe et à pointe renforcée : poignée d'ébène garnie de pierreries et de filigranes en argent.

1185 et 1186. Poignards turcs : lames de damas, poignées d'ivoire, fourreaux garnis en argent.

1187. Khandjar turc : lame en beau damas, monture et fourreaux en vermeil uni.

1188. Poignard turc : poignée en cristal, lame de damas.

1189. Très-belle lame de poignard persan, richement damasquinée en or.

1190. Poignard turc et son fourreau : lame de damas, poignée en agate, avec ornements en émail vert.

1191. Poignard persan : poignée d'ivoire sculpté, avec fourreau.

1192. Poignard persan : lame de damas, poignée en jade, façonnée en tête de cheval, avec le fourreau en velours cramoisi, garni en vermeil.

1193. Poignard ou khandjar turc : lame de damas ; poignée en marbre sculpté, d'un beau travail, avec fourreau garni en vermeil.

1194. Large khandjar, ou coutelas indien.

1195. Poignard indien : poignée en bois courbé.

1196. Poignard indien : poignée en bois, recouverte en cuir. Le fourreau est en cuir et en forme de spatule.

1197 et **1198.** Poignards larges et terminés en pointe : poignées en fer d'une forme inusitée en Europe. Armes en usage chez les Indiens.

1199. Couteau-poignard birman : poignée sculptée, garnie en argent, avec fourreau garni en argent.

1200. Poignard indien : poignée en bois,

recouverte en cuir ; fourreau avec ornements en cuivre.

1201. Poignard turc : lame en damas, fourreau en fer bruni et damasquiné en or.

1202. Kryt malais à lame droite : poignée en bois.

1203. Autre kryt malais : lame ondulée, manche en bois.

1204. Kryt malais : lame droite, chargée de belles damasquinures en or ; manche en bois blanc veiné.

1205. Autre kryt malais : lame ondulée chargée de damasquinures en or ; poignée en cuivre sculpté et doré, représentant une figure indienne.

1206. Kryt malais à lame droite : poignée en bois sculpté, représentant une figure in-dienne.

1207. Autre kryt malais à lame ondulée : manche en ivoire.

1208 à 1217. Kryt malais : rapportés par l'ambassade française en Chine, en 1846.

1218. Fers de lance indiens à plusieurs branches flamboyantes, damasquinés en or.

1219. Poignard italien renfermant un pistolet : longs quillons surmontés d'un anneau, poignée incrustée en ivoire.

1220. Poignard italien : manche en agate, avec fourreau en fer damasquiné en or et en argent.

1221. Dague du XVIe siècle : manche travaillé à jour, et damasquiné en or et en argent, avec fourreau garni d'or.

1222. Dague italienne du XVIe siècle, avec pommeaux et garde ciselés et dorés.

1223. Ancien poignard italien, qui se divise en trois branches par l'effet de deux ressorts à paillettes qu'on fait agir au moyen d'un bouton.

1224. Dague du XVIe siècle : avec coquille percée à jour.

1225. Poignard italien : lame découpée à jour, manche en ivoire.

1226. Poignard allemand.

1227. Ancien poignard allemand : la lame est percée d'une infinité de petits trous.

1228. Poignard du xvie siècle : lame percée de petits trous, manche damasquiné en argent.

1229. Petite hachette, avec ornements gravés et dorés.

1230. Poignard à lame triangulaire très-forte : manche d'argent, ornements en cuivre sculpté et doré, représentant des têtes d'hommes et d'animaux.

1231. Long poignard à lame triangulaire, graduée.

1232. Couteau-baïonnette de chasse : avec poignée et fourreau ornés en argent.

1233. Couteau-baïonnette de chasse : manche et garniture en acier quadrillés.

1234. Ancien poignard à lame très-large, terminée en pointe et ornée de figures dorées qui représentent, d'un côté, saint Christophe, et, de l'autre, un guerrier avec une femme et un enfant ; manche d'ivoire. Cette arme italienne était connue sous le nom de *langue de bœuf*.

1235. Couteau-baïonnette de chasse à poignée en ivoire ; ornée en argent.

1235 *bis*. Poignard albanais : lame quadrangulaire, fourreau en argent, servant de baguette à charger le pistolet. Ayant appartenu à Marco Botzaris.

1236 et **1237**. Couteaux du XVIIe siècle, à manches d'ivoire très-bien sculptés.

1238. Poignard à mettre dans une canne : manche de bambou, garni d'acier.

1239. Poignard corse.

1240 et **1241**. Couteaux-poignards corses : à manche en ébène.

1242. Couteaux, un grand et deux petits, à manches damasquinés, dans une gaîne aussi damasquinée, du milieu du XVIe siècle.

1243. Gaîne écossaise du XVIe siècle, garnie d'un grand poignard, de deux petits et d'un poinçon.

1244. Dague du xvie siècle : avec fourreau et poignée en ivoire richement ciselé.

1245. Couteau-poignard à manche d'ivoire orné de petites rosaces.

1246 et 1247. Dagues espagnoles : la coquille de l'une est percée à jour et ciselée.

1248. Dague saxonne du xvie siècle, à quillons surmontés d'un anneau ; pommeau et garde quadrillés.

1249. Ancien petit couteau de chasse : poignée sculptée, damasquinée et ornée de nacre ; le fourreau porte la garde et a aussi des ornements damasquinés.

1250. Poignard du xvie siècle.

1251. Dague à lame quadrangulaire : la poignée peut servir de chargette pour mesurer la charge de la poudre à mousquet ; les quillons sont droits, et l'un d'eux sert de clef pour monter un rouet.

1252. Poignard de marine, modèle 1837.

1253. Ancien poignard albanais : fourreau en fer, servant de baguette à charger le pistolet.

1254. Poignard à lame mince et quadrangulaire; manche en ivoire, garnitures en acier.

1255. Beau couteau de chasse allemand : manche en ivoire, garnitures de la garde en or, nacre et cornaline.

1256. Grand poignard circassien, ou cama, garni d'argent émaillé, avec son fourreau garni d'argent.

1257. Grand couteau de chasse à manche en ivoire sculpté, représentant un chien dont le collier porte le nom de Pichon; garnitures en argent.

1258. Ancienne baïonnette de première origine. Le fourreau est en cuir bouilli, et remarquable par la pureté de dessin des reliefs dont il est orné.

1259. Couteau de chasse : poignée en ivoire sculpté, représentant des feuillages; garde en acier ciselé; lame avec ornements gravés et dorés.

1260. Grand couteau de chasse à manche d'ivoire : la moitié de la lame est cachée dans le manche et en sort à volonté.

1261. Un grand couteau à manche d'ébène garni en argent ; lame en beau damas noir, chargée de caractères arabes en or.

1262. Poignard arabe : avec manche orné d'incrustations en argent.

1263. Couteau-poignard arabe : fourreau garni en argent ciselé, manche damasquiné en or.

1264. Poignard persan, garni d'ornements tressés en or.

1265. Poignard turc : fourreau et poignée en argent ciselé.

1266. Riche poignard asiatique à lame en damas : la poignée en jade est ornée de pierreries.

1267. Couteau-poignard double japonais : il est garni d'argent et le manche est sculpté.

1268. Couteau indien à manche, garni de tresses en soie.

1269 à **1272**. Poignards chinois rapportés par l'ambassade française de 1846.

1273. Gaîne garnie d'un grand khandjar, de deux petits couteaux-poignards et d'un sabre : c'est une arme du Népaul, donnée au Musée de l'artillerie par S. M. l'empereur Napoléon III.

1274 et **1275**. Lames dont une en damas corroyé, et l'autre forgée avec de fines aiguilles à coudre, par M. Henri Lepage, arquebusier ; données au Musée par l'auteur.

ARMES DE JET,

EN USAGE AVANT L'INVENTION DE LA POUDRE.

ARCS, FLÈCHES, ARBALÈTES, TRAITS, etc.

(Première et quatrième galerie.)

1276 à 1295. Arcs tatares et chinois.

1296 et 1297. Autres arcs en rotang.

1298. Arc en bois, garni au milieu d'une ferrure qui lui permet de se ployer; les bouts sont garnis en ivoire.

1299 et 1300. Arcs anciens en acier.

1301. Carquois de chef tatare, en velours cramoisi, brodé en or et garni de flèches.

1302. Carquois de chef de Kirguises, en argent doré découpé à jour, garni de flèches.

1303. Riche carquois asiatique, garni

de flèches. Le carquois est couvert en velours vert, parsemé d'ornements brodés en feuilles de vermeil, avec pierreries et entourage de perles. (*Conservé dans l'armoire de la troisième galerie.*)

1304. Carquois indien, enrichi de perles fines et brodé en or.

1305 à 1310. Carquois de Tatare, garni de flèches.

1311 à 1315. Carquois de nègre des bords du Sénégal, avec leurs flèches.

1316. Massue en bois noueux des Indiens du Canada.

1317. Casse-tête en bois des îles Wallis, donné par M. Eugène de Saulcy, ancien officier de marine.

1318 à 1320. Casse-tête indien.

1320 à 1324. Casse-tête indien.

1325. Lance de chef indien, en bois.

1326 à 1329. Lances kanakes des îles Marquises; données par M. Eugène de Saulcy, ancien officier de marine.

1330 à **1334**. Lances ou épieux de chasse, en usage chez les nègres.

1335. Espèce de drapeau indien.

1336. Pagaie ou rame des Indiens.

1337. Chaussure des nègres des bords du Sénégal.

1338. Soulier en peau de poisson des habitants de la baie de Saint-George de Terre-Neuve.

1338 *bis*. Casse-tête en ivoire.

1339. Acahuotoa, arme kanake en forme de pagaie, en usage aux îles Marquises ; donnée par M. Eugène de Saulcy.

1340 à **1344**. Trophées composés d'armes chinoises, arcs, carquois, flèches, lances, sabres, épées jumelles, etc. ; rapportés par l'ambassade française de 1846.

1345. Bâtons de commandement : en usage en Chine.

1346. Petit carquois : renfermant des fléchettes en bois à bout empoisonné, et qui se lancent à l'aide d'une sarbacane.

1347. Bouclier et casque de Bornéo; ornés de chevelures humaines.

1348. Lasso, ou lacet pour la chasse : en usage au Chili.

1349. Anciennes timbales en fer.

1350. Timbales en airain.

1351. Patins norwégiens. (*Don fait au Musée par M. de la Roquette, consul de France en Norwége.*) Un corps de troupes porte en Norwége des patins de cette forme et de cette longueur.

ARBALÈTES.

(*Première galerie.*)

1352. Arbalète très-ancienne, garnie de son pied-de-biche, pour tendre l'arc.

1353 à **1357**. Arbalètes à pieds-de-biche : les arbriers sont ornés de bandes de cuivre découpées à jour et d'incrustations d'ivoire; ces armes proviennent du Conservatoire des Arts et Métiers.

1358. Arbalète de la même époque, garnie de son pied-de-biche.

1359. Ancienne arbalète dont le fût est chargé d'ornements en ivoire et en nacre, avec le pied-de-biche pour tendre l'arc.

1360. Ancienne arbalète : fût incrusté d'ivoire, arc chargé d'ornements gravés.

1361. Arbalète portant la date 1731 : fût en bois, avec quelques incrustations d'ivoire.

1362 à **1366**. Grosses arbalètes, armées de leurs cranequins, à double manivelle ; provenant du Conservatoire des Arts et Métiers.

1367 et **1368**. Anciennes arbalètes, avec incrustations d'ivoire.

1369. Arbalète à double détente : l'arbrier porte un cric intérieur pour tendre l'arc.

1370 à **1373**. Arbalètes ornées d'ivoire, et de différente grosseur ; provenant du Conservatoire des Arts et Métiers.

1374 à **1378**. Arbalètes dont la noix est remplacée par une espèce de gâchette à crochet.

1379. Arbalète : l'arbrier représente une chasse, et le cric, gravé, porte la date 1571.

1380. Forte arbalète garnie d'un cric pour la monter : l'arbrier est orné de belles incrustations en ivoire.

1381. Arbalète ancienne : l'arbrier orné d'ivoire.

1382. Arbalète : l'arbrier orné d'incrustations d'ivoire, représentant une chasse.

1383 à **1385**. Arbalètes du temps de François Ier : l'arbrier est orné de fleurs de lis ; ces arbalètes ont été remises au Musée de l'Artillerie par les soins de M. le directeur du Conservatoire des Arts et Métiers, en 1849. Ces armes restées dans les greniers de la maison, depuis la suppression des communautés religieuses, avaient servi autrefois aux arbalétriers chargés de la garde du couvent de Saint-Martin.

1386. Arbalète très-ancienne.

1387. Autre ancienne arbalète.

1388. Arbalète : l'arbrier garni d'ivoire, et l'arc gravé.

1389. Grosse arbalète danoise. (*Don fait au Musée par M. de la Roquette, consul de France en Norwége.*)

1390 à **1392**. Autres anciennes arbalètes de différentes époques.

1393 et **1394**. Arbalètes portant elles-mêmes le mécanisme nécessaire pour tendre l'arc.

1395. Belle arbalète à jalet et à double détente. Elle vient du Garde-Meuble de la Couronne, et porte la date 1775.

1396 à **1398**. Arbalètes à jalet, avec ornements en acier et en ivoire ; provenant aussi du Conservatoire des Arts et Métiers.

1399. Arbalète : elle porte la date 1738.

1400. Arbalète armée d'une manivelle de fer qui fait avancer une espèce de chariot en bois, destiné à s'emparer de la corde de l'arc et à la ramener en arrière.

1401. Arbalète de construction moderne, mais fabriquée dans le genre de l'arme qu'on appelait arquebuse (*arcobugio*, arc percé, foré) avant l'invention de la poudre.

1402. Petit fusil portant arbalète.

1403 à 1406. Anciens cranequins à treuil et à double manivelle.

1407 et 1410. Pieds-de-biche et crics pour tendre les arcs d'arbalète.

1411 et 1412. Flèches d'arbalète de différentes formes.

1413. Arc de baliste, provenant du château de Damas. (*Donné au Musée par M. de Ségur-Dupeyron, consul général de France à Belgrade.*)

1414. Arc en acier, pour arbalète de rempart.

ARMES PORTATIVES.

ARQUEBUSES ET MOUSQUETS.

1415 et 1416. Chacune de ces armes est un poitrinal, ou pétrinal à mèche : les fûts sont ornés d'incrustations d'ivoire.

1417 à 1426. Arquebuses à mèche, avec incrustations, ornements ou damasquinures.

1427 à 1431. Mousquets à mèche en usage sous Louis XIII et sous Louis XIV. Ils viennent de l'ancien Arsenal de Paris, et portent sur le canon : *Magasin royal.* Sur le corps de platine d'une de ces armes, on voit gravée la prise de Bouchain, qui eut lieu en 1672 ; ce qui prouve que vers la fin du xviie siècle on fabriquait encore des mousquets à mèche, quoique le fusil à silex et à batterie fût déjà connu depuis longtemps et adopté depuis le commencement du siècle.

1432 à **1444.** Arquebuses à mèche, de la première époque.

1445 et **1446.** Arquebuses turques à mèche.

1447 et **1450.** Arquebuses indiennes à mèche ; les canons plus ou moins ornés de damasquinures en or et en argent. Au n° **1450,** la culasse est chambrée.

1451. Long fusil indien, monté en pistolet et à canon cuivré.

1452. Arquebuse chinoise à mèche, en service en 1840. (*Donnée au Musée par M. Gernaert, consul de France en Chine.*)

1453 à **1455.** Fusils chinois à mèche ; rapportés par l'ambassade française de 1846.

1456. Carabine à mèche à double détente. Le canon porte la date 1687.

1457. Mousquet à deux coups, dans le même canon : la platine porte deux serpentins ; le fût est orné d'incrustations d'ivoire.

1458. Mousquet à mèche à deux coups dans le même canon. Le serpentin avance et recule au moyen d'un tiroir. (*Don fait au Musée par M. le duc d'Istrie.*)

1459. Mousquet à mèche, à huit coups. Les charges s'introduisent toutes dans le même canon, et ne sont séparées les unes des autres que par une rondelle en peau de buffle, qu'on met au-dessus de chacune d'elles. Un serpentin, qu'on fait glisser le long d'une rainure, porte la mèche et met successivement le feu aux huit bassinets.

1460. Ancien mousquet à mèche, à deux canons tournant sur un axe.

1461 et 1462. Anciens petits mousquets à mèche, à trois canons.

1463 à 1465. Anciens mousquets à mèche, à tambour tournant sur un axe.

1466 à 1471. Gros mousquets à mèche : les canons portent la date 1600 ; les bois sont ornés d'ivoire ; les platines présentent un faux rouet, aux armes de Bavière.

(Armoire de la première galerie.)

1472. Arquebuse à mèche : fût incrusté d'ivoire d'un beau travail.

1473. Mousquet à mèche : canon chargé de médaillons ciselés le long du tonnerre, et représentant dans le reste de sa longueur une colonne cannelée avec son chapiteau. Sur la plaque de couche sont les armes du cardinal de Richelieu, à qui cette arme a dû appartenir.

1474. Gros mousquet à mèche, chargé d'incrustations du plus beau travail. Le long du canon on lit l'inscription suivante : *Pour maintenir la foi suis belle et fidel; et aux ennemis du roi suis rebelle et cruel.*

1475 et **1476.** Mousquets à mèche : fûts ornés d'incrustations et de filigranes en cuivre doré.

1477 à **1484.** Mousquets à rouet et à mèche. On y trouve les dates 1592, 1603 et 1611.

1485 à **1492.** Arquebuses à rouet et à

mèche ; les bois plus ou moins ornés d'incrustations d'ivoire.

1493. Carabine à rouet et à mèche : fût richement incrusté en ivoire ; se chargeant au tonnerre au moyen d'un dé. Le rouet se remonte par le mouvement du chien. Canon damasquiné.

1494. Carabine à rouet et à mèche : plusieurs sujets mythologiques sont dessinés sur l'ivoire et incrustés avec beaucoup d'art dans le bois.

1495. Ancien mousquet à rouet.

1496. Ancienne carabine à rouet, à double détente.

1497 à 1525. Mousquets français à rouet. Le n° 1514 porte sur la visière la date 1616, et sur le canon : *D. Jumeau.* Le n° 1521 porte le nom de Jean Simonin, à Lunéville, et la date 1627. Le bois est tout couvert d'ornements sculptés, d'un travail remarquable. Dans les n°s 1504 et 1505, tout le mécanisme de la platine est caché. Quelques-uns portent des tringles, comme mousquetons de cavalier. Le canon du n° **1525** est rayé.

1526. Joli mousquet à rouet. Les bâtons croisés et les briquets que l'on voit incrustés en ivoire sur le bois, indiquent que cette arme a appartenu à un personnage de la maison de Bourgogne.

1527. Petit poitrinal, ou pétrinal, à rouet : avec fût incrusté d'ivoire, et crochet de ceinture.

1528 à **1540.** Mousquets italiens à rouet du XVIᵉ et du XVIIᵉ siècle, différant entre eux par le calibre, par la forme et par le travail. Il y en a de Maffeo Badile, de Lazarino Cominazzo et de Ventura Cani. Le n° **1528** porte la date de 1617. Les nᵒˢ **1531** et **1532** ont leurs canons rayés ; le dernier a deux canons et deux platines.

1541. Très-ancien mousquet à rouet : canon très-long, platine du plus ancien modèle ; le grand ressort, la chaîne et le rouet sont entièrement à découvert.

1542. Carabine allemande à rouet : la platine est soigneusement ciselée; fût orné de sculptures.

1543. Mousquet à rouet : fût incrusté d'ivoire avec une rare perfection. On prétend que ce mousquet a appartenu à Henri IV, à qui il fut offert par la ville de Laon. Rien n'atteste la vérité de cette tradition.

1544. Carabine à rouet : fût plaqué en ivoire, avec ornements incrustés; canon et platine richement ciselés.

1545. Très-beau mousquet à rouet, à deux chiens, couvert en fer découpé et ciselé. Il a été fabriqué par Ventura Cani, qui vivait au commencement du xvie siècle.

1546. Mousquet à rouet, garni en acier gravé et ciselé. De la même époque que le précédent.

1547. Carabines allemandes à rouet, du commencement du xviiie siècle. La platine, soigneusement sculptée, représente une chasse; le fût est orné de sculptures.

1548. Mousquet italien à rouet. Le canon porte, ainsi abrégé, *Lazari Cominaz*, le nom de l'arquebusier Lazarino Cominazzo. Platine à deux chiens.

1549. Mousquet italien à rouet : canon portant le nom de *Columbo;* belle platine à deux chiens.

1550. Mousquet à rouet : garniture d'un riche travail en acier repercé et ciselé. L'arme est de forme italienne et date vraisemblablement de 1550.

1551. Mousquet à rouet de très-ancienne date : canon à pans, orné de ciselures; fût en bois noir; crosse sculptée en ronde-bosse.

1552. Mousquet à rouet : grande crosse à volute, ornée de filigranes de cuivre, d'ivoire et de nacre.

1553. Poitrinal, ou pétrinal, à rouet : fût chargé de belles incrustations d'ivoire. Canon richement damasquiné en or et en argent.

1554. Mousquet à rouet : fût couvert d'incrustations en ivoire colorié; canon grossièrement sculpté.

1555 et 1556. Poitrinals à rouet : fûts

chargés d'incrustations en nacre et en filigranes de cuivre doré.

1557. Carabine allemande; le fût tout
couvert d'incrustations d'ivoire.

1558. Petite carabine à rouet : fût en
ébène, orné d'incrustations en nacre, canon
couvert de damasquinures en or et en argent.

1559 à 1593. Carabines allemandes à
rouet : platines de modèles très-anciens, présentant tout le mécanisme en dehors; presque
toutes ces armes sont d'un petit calibre, et
ont le fût très-orné.

1594 à 1601. Carabines allemandes à
rouet du xvie siècle : crosses droites; grand
ressort caché sous le corps de platine; presque
toutes sont à double détente; les fûts sont
très-ornés d'incrustations d'ivoire. On y trouve
les dates 1589, 1598 et 1600.

1602 à 1620. Mousquets à rouet : presque
tous sont des mousquets saxons du commencement du xvie siècle; crosses droites, grands
ressorts cachés sous le corps de platine; rouet
couvert dans la plupart par une calotte en

fer, dans quelques-unes par une boîte en cuivre ou en fer découpé à jour : portent les dates 1616 et 1625. Les fûts plus ou moins ornés d'incrustations d'ivoire.

1621 à 1639. Petits mousquets allemands de la même époque que les précédents. Le canon du n° **1621** représente des sujets sculptés, et le fût, également couvert de sculptures, représente des chasses ; le n° **1624** porte sur le canon la date 1560 ; le n° **1626** porte à la plaque de couche la date 1585.

1640 à 1663. Carabines allemandes du xviie siècle, d'une construction semblable aux précédentes ; toutes sont à double détente : portent les dates 1616, 1624, 1625 et 1627.

1664 à 1681. Carabines allemandes à double détente, du xviie siècle : rouet presque entièrement caché sous le corps de platine. Les fûts, plus ou moins ornés d'incrustations d'ivoire et de nacre, portent sur leurs canons les dates 1639, 1641 et 1652.

1682 à 1702. Carabines allemandes semblables aux précédentes : le rouet presque caché sous le corps de platine. Toutes sont à double détente ; les fûts sont incrustés d'ivoire. La première porte la date 1661.

1703 à 1717. Carabines allemandes du xviie siècle, à double détente. Dans la plupart de ces carabines, le rouet, ainsi que le reste du mécanisme, est caché sous le corps de platine ; les fûts sont plus ou moins ornés d'incrustations d'ivoire. Les nos **1705** et **1706** portent tous les deux la date 1665, l'un sur le canon, l'autre sur la crosse. Les nos **1709** et **1710** sont remarquables par la beauté des sculptures dont le bois est orné ; ce sont des carabines de Reimer.

1718. Carabine courte allemande, portant sur le canon la date 1666. Le canon est en bronze et d'une très-forte épaisseur, avec des ornements gravés représentant des feuillages d'un très-bon goût.

1719 à 1740. Carabines allemandes, à crosses droites, de la fin du xviie siècle. Les corps de platines sont ornés de gravures représentant des chasses, et sont toutes à double détente : portent sur les canons les dates 1668, 1671, 1672, 1688 et 1698.

1741 à **1765**. Carabines allemandes à rouet, du commencement du XVIIIe siècle. Toutes ces carabines sont d'un beau travail; toutes ont leurs platines soigneusement gravées ou ciselées. Plusieurs sont remarquables par la beauté des sculptures dont les bois sont ornés : portent sur les canons les dates 1700, 1704, 1712. Toutes ces carabines sont à double détente. Le n° **1765** porte un petit mécanisme qu'on appelle *renard*, pour arrêter le mouvement du chien.

1766 et **1767**. Carabines polonaises : on lit sur les canons : *Warsovie*, 1759.

1768 à **1774**. Carabines allemandes, dont tout le mécanisme, y compris le ressort du chien, est caché dans l'intérieur de la platine. Les fûts sont ornés d'incrustations d'ivoire et de nacre.

1775. Mousquet à rouet dont la crosse est contournée, pour faciliter le pointage.

1776. Mousquet dont le rouet se remonte par le mouvement du chien ; le fût est tout couvert en bois de cerf.

1777. Mousquet à rouet. Dans cette arme, on bande le rouet en levant le chien, et la charge se place dans un cylindre qu'on introduit dans le tonnerre par la culasse : ce cylindre est maintenu en position par une queue de culasse mobile autour d'un axe.

1778. Petit mousquet allemand à rouet. Il y a un secret pour monter le rouet. Il porte la date 1657.

1779. Mousquet à rouet, avec un système de valet, pour empêcher la détente de partir. Ce mécanisme est employé dans beaucoup d'autres mousquets. Cette arme se charge par la culasse au moyen de trois tonnerres mobiles autour d'un axe.

1780. Mousquet à rouet, à double canon superposé. La platine porte deux chiens et deux rouets ; le fût est orné d'incrustations d'ivoire.

1781. Dans ce mousquet, le chien est surmonté d'un tube, espèce de cheminée destinée à recevoir et à faire monter la fumée du bassinet, pour qu'elle ne gêne pas la vue du tireur.

1782 et 1783. Anciennes carabines allemandes à deux rouets destinés à mettre le feu à deux charges placées l'une sur l'autre dans le même canon. Les fûts sont très-ornés d'incrustations d'ivoire.

1784. Carabine à rouet, se chargeant par la culasse à l'aide d'un dé mobile destiné à recevoir la charge ; le canon est ciselé, et le fût d'ébène est très-orné d'incrustations d'ivoire. Cette arme provient du Conservatoire des Arts et Métiers.

1785 et 1786. Carabines à rouet, l'une à crosse en forme de gigue, l'autre à crosse droite, ornée d'incrustations d'ivoire. Dans toutes deux, le rouet se monte à l'aide d'un engrenage.

1787 à 1849. Carabines allemandes à rouet : crosses épaisses en gigue. Parmi cette catégorie de carabines, on trouve les dates

1547, 1642, 1665, 1684 et 1689. Mais cette forme étant celle des crosses modernes, il y a tout lieu de croire que les fûts de ces armes ont été refaits. Formes, garnitures et ornements variés.

1820. Mousquet à rouet. Il s'amorce au moyen d'un tube qui descend le long du canon et qui conduit au bassinet. Ce mousquet provient d'une des mairies de Paris, où il a été trouvé lors de l'inspection des armes exécutée en 1833.

FUSILS.

1821. Fusil-mousquet de Vauban, qui, au mécanisme ordinaire de la platine à batterie, réunit le serpentin pour la mèche.

A la bataille de Steinkerque (1692), les Français jetèrent spontanément leurs mousquets pour se servir des fusils pris aux ennemis. Ce fut alors que Vauban imagina son fusil-mousquet, dans lequel la mèche sert au défaut de la batterie.

1822. Petit fusil à trois coups : une platine à rouet, à double détente, communique le feu simultanément ou successivement à deux canons ; une platine à batterie le transmet au troisième.

1823. Petit fusil dont la platine réunit les deux mécanismes à rouet et à batterie. La tête du chien du rouet est garnie d'une batterie contre laquelle vient frapper le silex de l'autre chien. La contre-platine, la sous-garde et la plaque de couche sont en fer découpé à jour, d'un beau travail.

1824. Fusil remarquable par son mécanisme ingénieux et par la beauté du travail. Ce fusil a deux réservoirs : l'un pour douze charges de poudre, l'autre pour douze balles. Par un mouvement de rotation de la sous-garde, une charge de poudre et une balle entrent dans le canon, la poudre nécessaire tombe dans le bassinet, et le chien s'arme. C'est ainsi que le fusil se charge, s'amorce et est prêt à tirer en moins de trois secondes ; il peut tirer aisément en trente-six secondes les douze coups dont il est approvisionné.

1825. Fusil à magasin, pour dix coups : il se charge et s'amorce par la rotation de la sous-garde.

1826. Fusil à magasin, pour trente coups : en armant la batterie, on ouvre le bassinet qui se remplit de poudre aux dépens d'une boîte contenant les amorces ; dès que le fusil est complétement armé, le réservoir d'amorces ne communique plus avec le bassinet.

1827. Fusil à réservoir, pour quinze coups : il s'amorce par la rotation du canon sur son axe ; fait par Chelambron, en 1785, à Pondichéry.

1828. Projet de fusil à magasin, pour dix coups, sur une arme de guerre : en relevant le chien, les magasins s'ouvrent successivement pour charger l'arme.

1829. Projet de fusil à magasin, sur une

arme de guerre; même système que le précédent.

1830. Fusil sarde : tout le fût est chargé
d'ornements en fer ciselé.

1831. Fusil indien donné au Musée par
M. le général Ventura. Canon rayé.

1832 à 1837. Fusils albanais, turcs et
arabes ; les fûts sont ornés d'incrustations en
argent, en corail, en ivoire et en nacre.

1838 à 1848. Fusils venant d'Alger : fûts
plus ou moins ornés en vermeil et en argent ;
canons en damas, damasquinés en or.

1849. Fusil, garni en or et enrichi de
pierres précieuses, du plus beau travail.
Sur la platine on lit : *F. Tomsom et Zoonen,
de Rotterdam.* Cette arme avait été destinée
par l'empereur Napoléon Ier au Chérif de
Maroc.

1850 et 1851. Fusils turcs : canons da-
massés et damasquinés en or ; platines espagnoles ; crosses en bois de couleur ; riche
garniture en vermeil et en pierreries ; pla-

ques de couche en ivoire d'une forte épaisseur.

1852. Carabine turque, avec canon en damas et fût très-orné de pointillé en cuivre.

1853. Fusil turc, à fût couvert d'ivoire et de plaques en vermeil ornées de pierres; canon en damas.

1854 et **1855.** Fusils espagnols; les fûts sont ornés de bandes de cuivre ciselées.

1856. Espingole turque; le fût est chargé d'ornements d'ivoire coloriés, de nacre et de filigranes en cuivre doré; le canon est incrusté d'or et d'argent.

1857. Fusil à quatre coups, avec quatre platines, par Régnier.

1858. Fusil construit par L'Hollandais, à Paris : le fût, couvert de filigranes d'argent, est d'un travail remarquable.

1859. Fusil à quatre canons, qui tournent autour d'un axe commun, pour présenter successivement leurs bassinets au chien qui tient à la crosse; par Deschazeaux.

1860. Fusil à vingt-quatre coups par un seul canon, inventé, exécuté et présenté au roi Louis XV, par Bouillet, arquebusier de Saint-Étienne, en 1767.

1861. Fusil construit par les frères Laroche, à Paris : crosse ornée de filigranes d'argent.

1862. Carabine de l'ancienne manufacture de Versailles : le fût très-orné de filigranes d'argent. On lit sous la plaque de couche l'inscription suivante : *Second prix de la course des chars ; fête du 14 juillet, 8e année républicaine.*

1863. Fusil construit par Le Couvreux, à Paris : crosse bordée d'ornements en argent incrusté, du plus beau travail.

1864. Carabine de la manufacture de Versailles.

1865. Fusil donné par S. M. le roi de Prusse au maréchal duc de Feltre, qui en a fait don au Musée.

1866. Espingole de la manufacture de Versailles.

1867. Espingole italienne, à fût très-orné de filigranes d'argent : le canon est couvert de ciselures à fond doré.

1868. Fusil portugais à platine couverte.

1869. Modèle à l'échelle d'un quart, du fusil d'infanterie française, modèle de 1763 ; construit par Cassan, à Charleville.

1870. Modèle, à l'échelle d'un cinquième, du fusil de 1822 ; construit par M. Jaillet, contrôleur d'armes à la direction d'artillerie de Paris.

1871. Cannes à fusil. La partie supérieure de la canne s'allonge pour former la crosse.

1872. Carabine d'un travail remarquable ; le tonnerre est damasquiné en argent, la visière est en bronze.

1873. Carabine à sept canons dont les coups partent ensemble ; la cheminée sur laquelle s'abat le chien, communique par la culasse au coup central auquel aboutissent les lumières des six autres canons ; donnée au Musée par M. Lepage, arquebusier.

1874. Fusil simple à percussion à double

feu ; le chien est à double tête et frappe alternativement sur la cheminée de devant, puis sur celle de derrière, à l'aide de deux coups de doigt donnés distinctement sur l'unique détente : le canon reçoit deux charges superposées ; donné au Musée par l'auteur, M. Lepage, arquebusier.

1875. Carabine anglaise, léguée au Musée par M. de Slade, ancien officier de l'Empire.

1876 et **1877.** Fusil d'infanterie et mousqueton d'honneur, en usage sous le Consulat.

1878. Carabine d'un très-petit calibre et dont la capsule porte la charge ; inventée par MM. Tillet et Flobert, à Paris.

1879 à **1894.** Anciens fusils avec platine à batterie de la première époque et de différentes origines, c'est-à-dire français, allemands, espagnols et italiens ; quelques-uns d'entre eux ont une batterie tournante.

1895 à **1906.** Anciens fusils de chasse français ; quelques-uns d'entre eux ont les canons rayés. Dans le nº **1900** l'embouchure du canon est de forme triangulaire, avec côtés arrondis; le n° **1898** a le canon recouvert d'une feuille de cuivre, et sur la tranche de la bouche on lit ces mots : *Heureux ceux qui m'échappent.*

1907 à **1927**. Anciens fusils de chasse allemands. Quelques-uns ont des batteries tournantes, d'autres ont la platine à gauche. Les n°ˢ **1907** et **1908** sont des canons italiens de Lazarino Cominazzo.

1928 à **1937**. Fusils de chasse allemands, à canons rayés.

1938 à **1948**. Carabines allemandes. Au n° **1939**, la platine, la contre-platine, la sous-garde et la plaque de couche sont sculptées avec soin. Le n° **1942** a toute sa garniture en cuivre sculpté, d'un beau travail.

1949. Carabine de Bornéo, rapportée par l'ambassade française en 1846.

1950 à **1957**. Fusils de chasse italiens et espagnols : la plupart des fûts sont ornés de feuilles de cuivre en découpure.

1958 à **1963**. Fusils à canons turcs, montés sur des bois de forme allemande : l'un d'eux a une platine espagnole ; les autres ont des platines allemandes.

1964 et **1965**. Fusils marocains, donnés au Musée par M. le général de division Bonet.

1966 à **1968**. Fusils albanais et grecs.

1969. Carabine autrichienne à canons superposés et à deux platines.

1970 à **1975**. Fusils à deux coups et à un seul chien; les deux canons tournent autour d'un axe commun.

1976 à **1981**. Fusils à tambour, à trois, quatre, cinq et six coups.

1982 à **1986**. Fusil à robinet et à réservoir d'amorces.

1987. Fusil à tonnerre tournant au moyen d'une manivelle en fer.

1988. Carabine dont le tonnerre s'ouvre par la rotation de la sous-garde, pour recevoir la charge. Mécanisme proposé par le maréchal de Saxe.

1989. Fusil se chargeant par la culasse. Le canon, après avoir été dégagé de la bague qui le retient, peut être poussé en avant et laisse voir le tonnerre à découvert.

1990 et 1991. Fusil se chargeant au tonnerre, au moyen d'un bras de levier brisé.

1992. Fusil à tonnerre tournant et se dégageant par la rotation de la crosse.

1993. Fusil se chargeant par la culasse. La charge se place dans un cylindre qu'on introduit par la culasse; ce cylindre porte le bassinet et le couvre-feu. En pressant sur le devant du pontet, le fusil se brise à la culasse. Canon rayé.

1994. Fusil se chargeant par la culasse. En faisant glisser une goupille plate, le canon se brise au-dessus du tonnerre, et l'on voit alors pratiquée dans celui-ci une chambre destinée à recevoir la poudre, et, au-dessus, l'emplacement de la balle.

1995. Fusil se chargeant au tonnerre, qui se sépare du canon au moment où l'on couvre le bassinet. Mécanisme inventé par M. Brunéel, arquebusier à Lyon (1825).

1996 et 1997. Mousquetons dont le tonnerre se découvre pour recevoir la charge, par la rotation du canon autour d'un axe parallèle à celui du canon même; par M. Nicolais, officier d'artillerie.

1998 à 2000. Fusil et mousquetons à tonnerre tournant. Mécanisme inventé par M. Valdahon.

2001 à 2003. Fusils et mousquetons à tonnerre tournant et canon glissant. Mécanisme inventé par M. de Sartoris.

2004. Fusil se chargeant par la culasse, au moyen d'un cylindre mû par la rotation de la sous-garde.

2005. Carabine bavaroise: la platine de cette arme est cachée dans l'intérieur du canon, et le chien est mû par un ressort à boudin.

2006 à 2008. Petits fusils de voiture. Les deux premiers sont à crosse brisée.

2009 et **2010**. Fusils dont on peut séparer une grande partie du canon et une partie de la crosse, de manière à les réduire à la longueur d'un pistolet.

2011 à **2018**. Espingoles à canons en fer et en cuivre : deux d'entre elles ont la bouche ovale. Le nº **2016** est l'espingole des mameluks de la garde impériale.

2019 et **2020**. Petites espingoles à canon en cuivre ; toutes deux sont armées de baïonnette. On lit sur les canons : *London*, ce sont des espingoles anglaises de chasse. La dernière porte un crochet de ceinture.

2021. Projet de pistolet propre à tirer à ricochet ; il se charge au tonnerre au moyen d'un tiroir. Le canon est fendu en dessous dans une certaine longueur ; l'embouchure du canon est fermée ; la balle sort en dessous du canon.

2022 à **2026**. Fusils à vent. Le récipient où se condense l'air est un espace vide ménagé entre deux canons concentriques. Les nºˢ **2022** et **2023** ont des platines semblables de forme aux platines à rouet; le n° 2024 porte écrit sur le canon : *London.*

2027 à 2033. Fusils à vent, avec platines à batterie. La balle s'introduit par le haut du canon; la pompe se visse sous la crosse.

2034 à 2039. Carabines à vent allemandes, avec platines à batterie. La balle s'introduit par le haut du canon; la pompe se visse sous la crosse. Le n° 2039 est une carabine polonaise; la balle peut être lancée soit par la poudre, soit par le vent; le récipient où se condense l'air est caché dans la crosse.

2040 à 2050. Fusils à vent, à crosse métallique où l'air se condense; la pomme se visse au haut de la crosse. Le n° 2040 est une carabine tyrolienne; les n°ˢ 2041 et 2042 ont été faits sur ce modèle par Lepage. On voit un tube ou magasin à balles qui descend le long du canon et conduit la balle au tonnerre. Dans le n° 2050, la balle s'introduit par un robinet; dans d'autres, elle se place en dévissant la crosse. Les n^os **2042** et **2043** ont leurs canons rayés.

2051 à **2055**. Fusils à vent anglais, à récipient sphérique pour l'air condensé, vissé sous le canon ou au-dessus.

2056 à **2063**. Fusils à soufflet allemands, à double détente. Pour chaque coup, le soufflet doit être remonté ; la balle s'introduit par la culasse, qu'un ressort force à se soulever. Les n^os **2061** à **2063** sont des fusils à sarbacane.

2064 et **2065**. Fusils de rempart appelés demi-citadelles ; modèles 1717 et 1728.

—

ARMES DE GUERRE FRANÇAISES.

2066. Fusil d'infanterie, modèle 1717.

2067. Fusil d'infanterie, modèle 1728.

2068. Fusil d'infanterie, modèle 1746.

2069 à **2071**. Fusils d'infanterie, modèle 1754.

2072. Modèle de fusil d'officier, 1754.

2073 à **2077.** Fusils d'infanterie et mousqueton de cavalerie, modèle 1763.

2078. Fusil d'officier, modèle 1763.

2079 et **2080.** Fusils d'infanterie et mousquetons, modèle 1766.

2081. Fusil de cadet, modèle 1766.

2082 et **2083.** Fusils d'infanterie, modèle 1768.

2084. Fusil d'infanterie, modèle 1770.

2085. Fusil d'infanterie, modèle 1771.

2086. Fusil d'infanterie, modèle 1773.

2087. Fusil des gardes-suisses, modèle 1773.

2088 à **2090.** Fusils d'infanterie, modèle adopté en 1776, et connu comme modèle de 1777.

2091. Fusil de dragon, modèle 1777.

2092. Fusil d'artillerie, modèle 1777.

2093 et **2094.** Mousqueton, modèle 1777.

2095. Fusil de marine, modèle 1777.

2096 et **2097.** Fusil d'infanterie et fusil de voltigeur, modèle 1777, corrigé.

2098. Fusil des maréchaux et gendarmes des Monnoyes de France, modèle 1780.

2099 et **2100.** Mousqueton de cavalerie, modèle 1786.

2101 à **2110.** Fusil d'infanterie, fusil de voltigeur, fusil de dragon, et mousqueton de cavalerie ; modèle de l'an IX.

2111 à **2115.** Fusil d'infanterie et mousqueton des dragons de la garde impériale. Les mousquetons ont des canons rayés.

2116 à **2120.** Carabines de l'ancienne manufacture de Versailles, modèle 1793.

2121 et **2122.** Fusil n° 1, livré en 1811 par la manufacture de Saint-Étienne.

2123. Fusil d'infanterie n° 1, par Pihet, à Paris, 1831.

2124 et **2125.** Fusil des Cent-Suisses ou gardes à pied ordinaires du corps du roi ; modèle 1814.

2126 et **2127**. Fusil d'infanterie, modèle 1816.

2128 et **2129**. Fusil de voltigeurs, modèle 1816.

2130 et **2131**. Fusil d'artillerie, modèle 1816.

2132 et **2133**. Mousqueton de cavalerie, modèle 1816.

2134. Mousqueton de cavalerie, modèle 1816, avec projet de baguette.

2135 et **2136**. Fusil d'infanterie, modèle 1822.

2137 et **2138**. Fusil de voltigeurs, modèle 1822.

2139. Fusil de dragon, modèle 1822.

2140 à **2142**. Fusil d'artillerie, modèle 1822.

2143. Mousqueton de cavalerie, modèle 1822.

2144. Mousqueton de cavalerie, modèle 1822, avec projet de baguette.

2145. Mousqueton de gendarmerie, modèle 1825.

2146. Fusil des gardes du corps du roi, ancien modèle.

2147. Fusil de mousquetaire, modèle adopté en 1814.

2148 à 2150. Fusil des gardes du corps du roi, modèle adopté en 1816.

2151 à 2153. Fusils des gardes du corps, modèles proposés et non adoptés.

2154 à 2158. Fusils de récompense, employés en 1815 et 1816.

2159 à 2162. Fusil des élèves de l'École militaire de Saint-Cyr.

2163. Premier projet de fusil d'infanterie, modèle 1822.

2164. Ancien fusil de dragon, modèle 1777, irrégulier.

2165. Fusil d'infanterie, avec système d'embouchoir-conducteur de baguette.

2166. Ancien fusil, avec projet de hausse.

2167. Fusil, avec projet de bascule pour la baguette.

2168. Fusil d'infanterie, avec projet d'épée placée le long du bois.

2169. Autre projet de bascule pour la baguette.

2170. Fusil, avec platine à un seul ressort.

2171. Fusil à corps de platine en cuivre, modèle 1815.

2172. Projet de fusil d'infanterie, à corps de platine en cuivre, avec le système des ressorts caché, et canon à bascule.

2173. Projet de mousquetons d'artillerie. Le sabre du canonnier peut s'adapter à l'extrémité du canon, en guise de baïonnette.

2174. Projet de fusil à recouvrement de bassinet, par Perrin Lepage, à Poitiers, en 1820.

2175. Projet de mousqueton pour la cavalerie.

2176 à 2184. Fusils et mousquetons à poudre fulminante, se chargeant par le tonnerre; de Julien le Roy.

2185. Fusil percutant à poudre fulminante : platine intérieure portée par l'écusson. Projet exécuté au Dépôt central.

2186. Fusil percutant à boulettes : platine portée par l'écusson. Projet exécuté au Dépôt central.

2187. Projet de fusil de guerre à poudre fulminante, construit en 1810, par M. H. Lepage, et donné par l'auteur.

2188. Mousqueton percutant à boulettes : système à la Paoli ; du sieur Reclus, contrôleur d'armes à la Direction de Paris.

2189. Fusil percutant à magasin ; du sieur Cessier, à Saint-Étienne.

2190 et **2191**. Projets de fusil à magasin d'amorces, pour poudre fulminante, par M. Valasse, arquebusier à Châteauroux ; donnés au Musée par l'auteur.

2192. Fusil percutant à magasin ; du sieur Reclus.

2193. Fusil percutant à magasin : système Prélat ; envoyé de Saint-Omer.

2194. Fusil percutant à boulettes; du sieur Daulnoy.

2195. Projet de transformation du fusil à pierre en fusil percutant, à boulettes; des sieurs Latura père et fils.

2196. Projet de fusil percutant à capsules.

2197. Fusil percutant à magasin; du sieur Pottet-Delcusse.

2198. Mousqueton percutant à magasin, se chargeant par le tonnerre; du sieur Pottet-Delcusse.

2199. Fusil percutant à boulettes; du capitaine Vergniaud.

2200. Fusil percutant à magasin : projet présenté par M. Reneuf.

2201. Fusil percutant; du sieur Heurteloup.

2202. Fusil percutant; système Heurteloup. (Dépôt central.)

2203. Fusil percutant belge ; de Consolé, corrigé à la manufacture de Liége.

2204. Projet du sieur Thépot, pour adapter l'appareil à percussion au fusil du modèle 1822, en conservant aussi l'appareil à pierre.

2205. Fusil percutant à capsules : projet du sieur Pottet-Delcusse.

2206. Fusils percutants sur le côté, à capsules ; du sieur Reneuf, contrôleur d'armes à la Direction d'Artillerie de Douai.

2207 à **2208.** Fusil et mousqueton percutants à capsules ; platines à pierre modifiées.

2209. Mousqueton percutant à capsules : projet de M. Châteaubrun.

2210. Projet de fusil de guerre à capsule, construit par H. Lepage, et donné par l'auteur.

2211 et **2212.** Fusil et mousqueton percutants à capsules, se chargeant par le tonnerre ; du sieur Pottet-Delcusse.

2213. Projet de fusil de guerre à capsule,

de M. Reclus, ancien contrôleur d'armes à la direction d'artillerie de Paris.

2214. Fusil percutant; système Robert.

2215. Mousqueton percutant, sur lequel on a fait exécuter les changements proposés à Maubeuge et à Charleville.

2216. Projet de fusil de guerre à capsule; la détente est noyée dans le pied de sous-garde; construit par M. H. Lepage et donné par l'auteur.

2217. Projet de fusil se chargeant par la culasse, construit par Lefaucheux, arquebusier à Paris.

2218 et **2219.** Projets de fusil et de mousqueton se chargeant par la culasse; construits par M. Lepage et donnés par l'auteur.

2220. Projet de fusil de guerre se chargeant par la culasse, par M. le général Rémond.

2221. Projet de fusil de guerre se brisant à la culasse, à l'aide d'un levier; par Valasse, arquebusier à Châteauroux.

2222 à **2224.** Mousquetons percutants à capsules, se chargeant par le tonnerre ; système du fusil de rempart, avec cylindre intérieur pressant contre le tonnerre ; platine portée par l'écusson.

2225 à **2226.** Fusils percutants à capsules : culasse à foudre ; platine portée par l'écusson : modifications du système Brunéel.

2227. Fusil percutant à capsules ; culasse à foudre.

2228. Mousqueton se chargeant par la culasse au moyen d'un mécanisme à bascule.

2229. Fusil percutant à capsules : culasse à foudre ; du sieur Brunéel.

2230. Mousqueton se chargeant par la culasse ; invention de M. Favarcq.

2231. Fusil percutant ; système Brunéel, modifié par Lautussat.

2232. Fusil et mousqueton percutants à capsules : culasse à foudre ; platine portée par l'écusson ; du sieur Lautussat.

2233. Fusil percutant à capsules : culasse à foudre ; mis en expérience en 1831 ; système Brunéel modifié.

2234. Mousqueton de cavalerie percutant, à balle forcée : canon rayé, se chargeant par la bouche sans le secours du maillet, d'après le système Delvigne : proposé, en 1830, par M. le colonel de Poncharra, inspecteur des Manufactures d'armes.

2235. Fusil d'infanterie percutant : platine indépendante du canon, à un seul ressort ; communication à canal droit de l'amorce à la charge : proposé par le même.

2236. Fusil double percutant, pour le corps des voltigeurs corses.

2237. Projet de fusil pour les voltigeurs corses. La culasse est mobile et porte deux charges superposées, deux chiens sont mus par une seule détente ; le tout est monté sur un même canon, avec culasse de rechange ; construit par M. Lepage, arquebusier, et donné par l'auteur.

2238. Fusil percutant, à capsules : culasse

à foudre, platine portée par l'écusson ; inventé par le sieur Gosset, arquebusier à Paris.

2239 et 2240. Fusils percutants. Dans le n° 2240, la platine est portée par l'écusson. Culasse à coquille, avec un système de magasin circulaire à capsules, fixé sous le bois, près de la sous-garde ; inventé par le même.

2241. Projet de fusil de guerre à capsule.

2242. Projet de fusil de guerre ; par M. H. Lepage.

2243. Projet de mousqueton se chargeant par la culasse ; par M. Lepage.

2244 et 2245. Projets de fusil et de mousqueton à magasin à capsules caché dans la crosse, construit par les sieurs Bessière et Martin, à Paris.

2246. Mousqueton brisé percutant, à capsules, se chargeant par la culasse, avec système de fabrication des cartouches sans emploi de la colle ; inventé par M. de Larachée.

2247. Transformation du fusil à pierre en fusil percutant, à capsules.

2248. Fusil percutant à capsules, à quatre charges superposées. Au moyen d'un chariot pratiqué sous le fût, on fait glisser un marteau qui communique successivement la percussion. (Par M. Lang de Beaujour.)

2249. Projet de mousqueton se chargeant par la culasse.

2250. Carabine des chasseurs à pied, modèle 1842.

2250 *bis.* Carabine des chasseurs à pied, modèle 1846.

2251. Fusil d'infanterie, modèle 1842.

2252. Mousqueton de gendarmerie, modèle 1842.

2253. Fusil d'infanterie, modèle 1842, modifié en 1847.

2254. Fusil de voltigeur, modèle 1840.

2255. Fusil de dragon, modèle 1842.

2255 *bis.* Fusil de dragon, modèle 1847.

2256. Fusil double de voltigeur corse, dernier modèle.

2257. Mousqueton d'artillerie, modèle 1828, transformé en mousqueton à tige.

FUSILS DE REMPART.

(Deuxième galerie.)

2258. Gros fusils de rempart à mèches, très-anciens.

2259. Ancien fusil de rempart turc, à mèche; canon en damas, orné de damasquinures d'argent.

2260 à **2262.** Fusils de rempart, à rouet et à mèche; canons longs; fûts ornés d'ivoire.

2263. Gros fusil de rempart, très-ancien et à rouet.

2264 et **2265.** Gros fusils de rempart à rouet, à deux chiens et à tourillons. L'un d'eux est monté sur affût et placé au rez-de-chaussée.

2266. Très-ancien fusil de rempart à rouet;

fût orné de filigranes en cuivre; canon très-long.

2267. Gros fusil de rempart, à rouet et à deux chiens; fût très-orné d'ivoire.

2268. Fusil de rempart; arme italienne, courte, d'un gros calibre : le canon en bronze et le bois soigneusement travaillé; platine à rouet.

2269. Autre arme de rempart, à canon court en bronze et à chambre, d'un gros calibre; platine à rouet.

2270. Fusils de rempart à rouet, canons rayés.

2271 à **2273**. Fusils de rempart : platines à batterie, canons rayés.

2274. Fusil de rempart, à canon en cuivre, d'un gros calibre.

2275. Fusil de rempart : crosse droite, fût orné d'incrustations d'ivoire, canon rayé.

2276. Fusil de rempart, à double détente, canon rayé.

2277 et **2278**. Gros fusil de rempart : platine à l'espagnole; canons rayés, portant des tourillons; l'un d'eux, monté sur affût, est placé au rez-de-chaussée.

2279 et 2280. Fusils turcs à canon en damas; l'un d'eux à crosse d'ivoire; le canon est rayé, à hausse très-élevée; canons ornés de damasquinures en or.

2281. Gros fusil turc, de rempart, avec canon en damas. Il porte une hausse très-élevée; le fût est orné de plaques d'argent. Donné au Musée par M. le Dr Clot-Bey.

2282 à 2286. Fusils de rempart pris à Alger en 1830. Les fûts sont ornés d'incrustations de nacre et d'ivoire, ou d'argent et de corail.

2287. Très-long fusil de rempart, provenant de la citadelle de Blaye. Ce fusil a 3^m,70 de long.

2288. Fusil de rempart dit à *manivelle*, se chargeant par la culasse.

2289. Autre fusil de rempart, sans platine; canon bruni de gros calibre, orné de damasquinures en or.

2290 à 2292. Fusils de rempart, à tourillons, destinés à être montés sur affût.

2293. Plateau garni de six canons de fusil, appelés *orgues*.

2294. Trois fusils montés sur une crosse. Au moyen d'une tringle en fer qui correspond aux détentes, les trois coups partent ensemble.

2295 à 2305. Fusils de rempart modernes, français, anglais et allemands, de différents calibres; platines à silex et à batterie.

2306. Projet de fusil de rempart à pierre, envoyé de Saint-Étienne.

2307. Fusil de rempart à pierre, se chargeant par le tonnerre, au moyen d'un dé. Projet présenté par M. Guy, capitaine d'artillerie.

2308. Fusil de rempart à pierre, se chargeant par le tonnerre. Projet envoyé d'Auxonne.

2309. Projet de fusil de rempart à pierre;

canon rayé, se chargeant à l'aide d'un tonnerre mobile maintenu par un coussinet.

2310 et 2311. Projets de fusils de rempart à pierre; canons rayés, se chargeant à l'aide d'un tonnerre mobile maintenu au moyen d'une sous-garde tournante.

2312. Projet de fusil de rempart à tonnerre mobile et à sous-garde tournante.

2313. Fusil de rempart à pierre. Par un mouvement de rotation de la crosse, la tranche du derrière du canon se découvre, et l'on peut introduire la charge. La crosse est ensuite remise en place, et s'y maintient par l'effort de l'extrémité d'une vis multiple qui s'engage dans le canon, et dont le mouvement est déterminé par celui du pontet de sous-garde. Projet présenté par M. le lieutenant-colonel Denis.

2314 et 2315. Fusils de rempart : essais faits au Dépôt central. Le tonnerre tourne pour recevoir la charge; il est ensuite maintenu à sa place par une bascule à la Paoli. La sous-garde porte un petit mécanisme qui empêche le coup de partir lorsque la bascule n'est pas fermée.

2316. Premier projet de fusil de rempart à tonnerre tournant et à coussinet.

2317. Premier essai de fusil de rempart à tonnerre mobile et à sous-garde tournante.

2318. Projet de fusil de rempart : canon rayé, platine percutante extérieure, se chargeant à l'aide d'un tonnerre mobile, maintenu par un coussinet. (Dépôt central.)

2319 à 2321. Projets de fusils de rempart à canons rayés et à platines percutantes intérieures ; se chargeant à l'aide de tonnerres mobiles, maintenus par des coussinets.

2322. Projet de fusil de rempart, se chargeant à l'aide d'un tonnerre mobile, maintenu par un coussinet ; platine percutante intérieure. (Dépôt central.)

2323. Premier modèle de fusil de rempart, à tonnerre mobile ; platine à silex et à batterie.

2324. Fusil de rempart adopté par le Comité central de l'Artillerie, en 1830.

2325. Fusil d'abordage à dix canons et à deux platines, par Dubois, de Beaune.

2326 à 2335. Armes destinées à lancer des grenades. On les a appelées *grenadiers*. Elles sont montées sur de longues crosses courbées et terminées par une pointe en fer. On a donné aussi à ces armes le nom d'*espingoles à grenades*. On les chargeait avec des grenades ensabotées.

2336 à 2340. Grenadiers, avec montures de fusil, et portant la date 1747.

2341 et 2342. Grosses espingoles de rempart, destinées à être montées sur chevalet.

PISTOLETS.

(Première et troisième galerie.)

2343 à 2346. Anciens pistolets à rouet: canons longs, fûts très-simples.

2347. Paire d'anciens pistolets à rouet: canons longs et calottes en fer.

2348. Paire d'anciens pistolets à rouet : calottes en bois sculpté.

2349. Pistolet à rouet : canon long, fût très-simple.

2350. Paire de pistolets à rouet : calottes en ivoire.

2351. Paire de pistolets à rouet : canons longs, calottes en bois, fûts très-simples.

2352. Paire d'anciens pistolets : canons longs, platines à rouet, fûts très-simples, calottes en fer, canons gravés.

2353. Pistolet à rouet : canon bruni et doré.

2354. Paire de pistolets à rouet, dont tout le mécanisme, y compris le ressort du chien, est caché dans l'intérieur de la platine.

2355. Pistolet à rouet : même système que les précédents.

2356. Paire de pistolets à rouet : calottes en fer sculpté et à fond doré, d'un beau travail; canons brunis.

2357. Pistolet à rouet : calotte en cuivre doré ; fût orné de veines noirâtres.

2358. Pistolet à rouet : calotte en bois ; le fût sculpté, orné d'inscrustations d'ivoire ; le canon présentant trois saints ciselés, saint Pierre, saint Thomas et saint Matthieu.

2359. Pistolet à rouet : calotte en fer ; fût orné d'incrustations d'ivoire et de nacre.

2360. Paire de pistolets à rouet : calottes en fer.

2361. Paire de pistolets, à calottes en fer ; fût très-simple.

2362. Pistolet à rouet : platine gravée, calotte en fer, fût très-simple.

2363. Pistolet français : fût orné d'incrustations de nacre et de pointillé en acier ; par Gabriel.

2364. Ancienne paire de pistolets français, à rouet : canons ornés de gravures ; pommeau à pans, avec quelques incrustations d'ivoire.

2365. Ancien pistolet français à rouet : ca-

non long; poignée terminée par un pommeau
à pans.

2366. Pistolet à rouet : poignée envelop-
pée d'une crosse de carabine ; incrustations
en nacre, ivoire et fil de laiton.

2367. Pistolet à crosse de carabine : tout
le fût couvert d'ornements en ivoire et en
nacre.

2368. Ancien pistolet à rouet : crosse de
carabine ; tout le fût très-couvert d'incrustations d'ivoire.

2369. Gros pistolet très-ancien : canon en
cuir ; le grain de lumière et la culasse sont
en fer.

2370. Ancien pistolet : calotté en fer, platine à rouet.

2371. Paire de pistolets saxons, à rouet,
du XVIe siècle : pommeaux en poire évidés ;
fûts ornés d'incrustations d'ivoire.

2372. Paire d'anciens pistolets à rouet :
calottes en cuivre, fûts ornés d'ivoire ; les
canons portent la date 1590.

2373. Pistolets à rouet : poignées en boules, fûts en bois noir.

(Armoire de la première galerie.)

2374. Pistolet à rouet : crosse de carabine; fût d'ébène, orné d'incrustations d'ivoire; deux canons superposés; deux rouets et deux chiens.

2375. Ancien pistolet à deux canons très-longs, l'un sur l'autre : deux rouets et deux chiens; fût tout en fer.

2376. Ancien pistolet à trois canons l'un sur l'autre, de calibres inégaux : fût tout en fer; trois rouets et trois chiens; le tout couvert d'ornements gravés.

2377. Pistolet ancien : deux canons superposés; platine à deux rouets et deux chiens; fût orné d'ivoire; crochet de ceinture.

2378. Pistolet très-long à canons superposés, avec platine à deux rouets. Le fût est orné d'incrustations d'ivoire.

8.

2379. Long pistolet à rouet, de petit calibre; canon gravé, portant la date 1547.

2379 *bis.* Pistolet à rouet du XVIe siècle, d'un beau travail : le fût tout en fer relevé en bosse et ciselé.

(Armoire de la deuxième galerie.)

2380. Pistolet à trois canons garnis de trois platines, et portés sur une douille qui s'adaptait sans doute à une hampe; le tout chargé d'ornements gravés.

2381. Paire d'anciens pistolets à rouet : canons très-longs; bouts de la poignée chanfreinés; fût couvert d'incrustations en nacre.

2382. Paire d'anciens pistolets à rouet : canons très-longs; fûts chargés d'ornements en nacre et en ivoire, et de filigranes de cuivre doré.

2383. Paire d'anciens pistolets à rouet : très-beaux canons gravés; pommeaux arrondis; fûts très-ornés d'incrustations d'ivoire.

2384. Très-ancien pistolet à rouet, à ca-

non ciselé et doré. Le fût est chargé d'ornements d'ivoire, il porte un crochet de ceinture.

2385. Paire de pistolets français, à rouet,
avec canons très-longs et pommeaux à pans.
Tout le fût est couvert d'ornements en nacre
et de filigranes de cuivre doré.

2386. Pistolet à rouet : canon et platine
gravés, poignée à pans; fût orné d'incrustations d'ivoire.

2387. Paire d'anciens pistolets à rouet :
poignées en boule et fûts très-ornés d'incrustations d'ivoire.

2388. Paire de pistolets à rouet du xvi^e
siècle : fûts ornés d'incrustations d'ivoire,
poignées en boule.

2389. Très-ancien pistolet à rouet : canon
et platine damasquinés en or, poignée ornée
de bandes de cuivre doré; fût chargé d'incrustations d'ivoire, crochet de ceinture.

2390. Paire de pistolets à rouet : très-
beaux canons gravés, pommeaux arrondis;

fûts incrustés d'ivoire ; sur les canons on lit la date 1563.

2391. Pistolet à rouet, à poignée terminée en boule : l'intérieur du canon est carré, et le fût est orné d'incrustations d'ivoire.

2392. Pistolet à rouet, avec canon damasquiné en or : le fût, plaqué en ivoire, est terminé en boule.

2393. Pistolet à rouet : fût plaqué en ivoire, enrichi de beaux dessins, poignée terminée en boule ; le canon porte la date 1579.

2394. Paire d'anciens pistolets à rouet : fûts plaqués d'ivoire et ornés d'élégants dessins ; la poignée est terminée en boule.

2395. Très-ancien pistolet à rouet, à canon court, épais et damasquiné en or : fût orné d'incrustations d'ivoire, poignée terminée en boule.

(Suite des Pistolets de la première galerie.)

2396. Pistolet à rouet, français, provenant du Conservatoire des Arts et Métiers.

2397. Paire de pistolets à rouet : fûts en fer ; poignées terminées en boule, et s'ouvrant à charnière.

2398. Pistolet italien à rouet : canon de Lazarino Cominazzo ; garnitures en acier ciselé.

2399. Joli pistolet italien à rouet : canon de Francino ; garniture en acier découpé et ciselé, beau travail.

2400. Pistolet à rouet italien : calotte en fer ; canon de Maffeo Badile.

2401. Ancien petit pistolet à rouet : fût orné de filigranes en acier.

2402. Ancien pistolet à rouet : fût en fer gravé ; canon épais et gravé ; crochet de ceinture.

2403. Un pistolet à rouet, à deux canons convergents ; monture en fer.

2404. Pistolet à rouet, à deux canons convergents ; monture en bois.

2405. Pistolet à rouet, à canons convergents ; monture toute couverte d'ivoire gravé ; platines gravées et dorées.

2406. Pistolet à rouet tout en fer, provenant du Conservatoire des Arts et Métiers.

2407. Paire de pistolets de tir, à canons en acier fondu; construits par M. H. Lepage, et donnés par l'auteur au Musée de l'artillerie.

2408. Paire de pistolets à rouet, à deux coups dans le même canon; deux rouets et deux chiens. Le mécanisme est caché sous la platine, qui est en cuivre. On lit sur le corps de platine l'inscription suivante : *A Grenoble, par Pierre Bergier, horloger, inventeur, avec privilége du roi.*

2409. Ancien pistolet : canon de Lazarino Cominazzo; calotte en fer, à branches.

2410. Paire d'anciens pistolets italiens : garnitures en fer ciselé; canons de Lazarino Cominazzo. Sur les platines : *Diomede, in Brescia.*

2411. Pistolet avec platine à silex et à batterie : canon long; fût très-simple.

2412. Ancien pistolet : canon de Lazarino

Cominazzo; platine de Cataneo; calotte en fer, à branches.

2413. Paire de pistolets italiens : garnitures en fer ciselé; canon de Geronimo Muto; platine à silex, de première origine.

2414. Ancien pistolet : tonnerre, platine et garniture en fer sculpté et gravé.

2415. Ancien pistolet : calotte en argent ciselé, par H. Renier, à Paris.

2416. Ancien pistolet : tonnerre et platine ciselés; garniture en cuivre ciselé et doré; clous de cuivre semés sur la poignée.

2417. Pistolet dont le canon porte un médaillon sur le tonnerre : garnitures en fer sculpté. Sur la platine : *Valentin Mari, à Coppenhagen.*

2418. Pistolet de combat; par Joh.-André Kuckenreiter, de Ratisbonne.

2419. Pistolet : canon bruni. Sur le canon et sur la platine : *Lamarre.*

2420. Pistolets : canon bruni; fût incrusté d'ivoire et de nacre. Sur le canon et sur la platine : *Liouville, à Paris.*

2421. Paire de pistolets : platines à l'espagnole ; fûts couverts de feuilles de cuivre en découpure.

2422. Paire de pistolets : platine à l'espagnole ; garnitures en cuivre ciselé. Sur les platines : *Salieri*.

2422 *bis.* Paire de pistolets à canons brunis et damasquinés : platine ciselée, garnitures en fer gravé et damasquiné.

2423. Ancien pistolet : platine à l'espagnole ; canon de Lazarino Cominazzo.

2424. Pistolet : tonnerre et platine gravée, garnitures en cuivre ciselé. Sur la platine : *Georg. Keiser.*

2425. Pistolet à deux canons tournants : platine damasquinée.

2426. Pistolet à deux canons l'un sur l'autre et à deux platines : garnitures en fer.

2427. Pistolet à deux canons tournants : garnitures en cuivre gravé.

2428. Paire de pistolets à quatre coups,

canons tournants. Sur les platines : *Jean Dubois, à Sedan.*

2429. Ancien pistolet à trois canons divergents : platine à l'espagnole.

2430. Ancien pistolet à réservoir pour plusieurs coups.

2431. Paire de pistolets à robinet : garnitures en cuivre ; la balle s'introduit par la calotte, qui est à charnière.

2432. Pistolet se chargeant par la culasse, et dont le canon se sépare de la crosse. (*Don fait au Musée par M. Seguier, conseiller à la Cour royale.*)

2433. Pistolet à deux coups dans le même canon, à tonnerre tournant. Sur la platine : *Magasin royal.*

2434. Pistolet grec, garni en cuivre.

2435. Autre pistolet grec : calotte en cuivre ciselé.

(*Armoire de la deuxième galerie.*)

2436. Paire de très-beaux pistolets montés en or et garnis de pierres précieuses. Ces pistolets, et le fusil n° 1849 qui les accompagne, ont été fabriqués, par ordre de l'empereur Napoléon Ier, par Tomson et Zoonen, de Rotterdam, pour être envoyés au Chérif de Maroc. Leur forme est orientale.

2437. Paire de pistolets tout garnis en argent ciselé et doré; canons brunis et dorés au tonnerre.

2438. Paire de beaux pistolets, avec poignées en argent : ornements gravés et sculptés sur fond doré; par A. Gathy, de Liége.

2439. Paire de pistolets de luxe à deux canons : belles garnitures en argent.

2440. Paire d'anciens pistolets à tambour, à trois charges : garnitures en cuivre ciselé; canons brunis, damasquinés en or.

2441. Paire de pistolets ornés de ciselures en or et en acier, donnés, en 1734, par la ville de Paris au dauphin, fils de Louis XV.

2442. Paire de beaux pistolets à réservoir et à robinet.

2443. Paire d'anciens pistolets de ceinture écossais : poignée en argent.

2444. Paire de pistolets à deux canons tournants : poignées en ivoire, terminées en têtes coiffées de turbans; fabriqués à Aix-la-Chapelle.

2444 *bis.* Paire de pistolets à canons argentés, et garnitures en argent ciselé; léguée au Musée par M. de Stade, ancien officier de l'Empire.

2445. Paire d'anciens pistolets : poignées en ébène; calottes en argent.

2446. Paire de pistolets : le bassinet, la batterie et le chien sont cachés dans la crosse, qui est en fer.

2447. Paire de pistolets de poche; par Billard, à Paris.

2448. Pistolet grec : fût en argent massif, ciselé.

2449. Pistolet albanais du général Marco Botzaris : fût en argent massif, d'une jolie ciselure.

2450. Pistolet turc à manche orné d'argent : un poignard est caché dans le fût, qui est très-orné de filigranes d'argent.

2451. Pistolet à sept canons en bronze : poignée en bois ; garnitures en cuivre.

2452. Petit pistolet à quatre coups : canons tournant autour d'un axe commun ; poignée en fer gravé.

2453. Paire de pistolets de combat : canons brunis, damasquinés en or au tonnerre. Ancienne manufacture de Versailles.

2454. Pistolets à canons rayés et brunis : poignées quadrillées. Ancienne manufacture de Versailles.

2455. Petits pistolets de poche à l'écossaise : de l'ancienne manufacture de Versailles ; les fûts en ébène sont ornés d'argent.

2456. Paire de pistolets de combat, à canons rayés. De l'ancienne manufacture de Versailles.

2457. Paire de pistolets : canons brunis, damasquinés en or. De la même manufacture.

2458. Paire de pistolets plus petits. De la même manufacture.

2459. Paires de pistolets-espingoles, à canons brunis, damasquinés en or. De la même manufacture.

2460 à 2463. Pistolets de la manufacture de Versailles, avec calottes en argent, à l'usage des officiers de la garde impériale.

2464 et 2465. Manches de fouet de postillon, à pistolet; la platine est cachée dans l'intérieur du bois.

2466. Boîte de pistolets de combat, avec les accessoires nécessaires pour les charger. De l'ancienne manufacture de Versailles.

2467. Paire de pistolets de combat, dans sa boîte: canons rayés. On lit sur les canons: *Le Directoire exécutif au général de brigade Gardane*. De la même manufacture.

2468. Paire de pistolets de combat, dans sa boîte: canons rayés. On lit sur les calottes: *Le Directoire exécutif au général de brigade Daslesme*. De l'ancienne manufacture de Versailles.

2469 à 2471. Pistolets de combat à canons rayés. De la manufacture de Versailles.

2472 à 2474. Pistolets-espingoles à canons ovales.

2475. Paire de pistolets-espingoles.

2476. Paire de pistolets anglais, de voyage : canons en bronze, munis de baïonnettes.

2477. Pistolet de tir.

PISTOLETS DE GUERRE FRANÇAIS.

2478 à 2481. Pistolets de grosse cavalerie, modèle 1763.

2482. Pistolet à coffre ; modèle 1777, dit à la Mandrin.

2483 à 2487. Pistolets à coffre, de marine, dits à la Mandrin ; modèle 1777 ; avec crochets de ceinture.

2488. Pistolet de grosse cavalerie ; modèle 1763, avec platine du modèle 1777, corrigé, connu comme modèle de l'an II.

2489 à **2491**. Pistolets de cavalerie, mo-dèle de l'an ix.

2492. Pistolet de marine, à crochets de ceinture; modèle de l'an ix.

2493 à **2503**. Pistolets de cavalerie, mo-dèle de l'an xiii.

2504 et **2505**. Pistolets de marine; mo-dèle de l'an xiii, à crochets de ceinture.

2506 à **2516**. Pistolets de cavalerie, mo-dèle adopté en 1816.

2517. Pistolet de cavalerie, modèle adopté en 1822.

2518 à **2521**. Pistolet d'officier de cava-lerie.

2522. Pistolet de gendarmerie, modèle de 1763.

2523 à **2526**. Pistolets de gendarmerie, modèle 1770.

2527 à **2530**. Pistolets de gendarmerie, modèle de l'an ix.

2531 et **2532**. Pistolets de gendarmerie, modèle 1816.

2533. Pistolet de gendarmerie, modèle 1822.

2534 à 2537. Pistolets de garde du corps du roi, modèle 1816; calottes à fleurs de lis.

2538 à 2540. Longs pistolets portant au bout de la poignée une crosse brisée; proposés pour servir aussi de mousquetons.

2541. Projet de pistolet, modèle de l'an ix, avec canon plus long et monture en bois.

2542. Projet de pistolet de cavalerie, modèle 1816; sans baguette.

2543. Projet de pistolet avec platine à coffre, jointe au canon par une bride longitudinale.

2544. Paire de pistolets des gendarmes de la garde.

2545. Projet de pistolet de guerre, se chargeant par la culasse, et à magasin d'amorces.

2546. Projet de pistolet de guerre, à recouvrement du bassinet, pour conserver l'amorce; donné au Musée par M. H. Lepage.

2547. Pistolet percutant se chargeant par la culasse : système de Julien Le Roy.

2548. Pistolet percutant à balle forcée : canon rayé, se chargeant par la bouche sans le secours du maillet, d'après le système Delvigne; proposé par M. le colonel de Poncharra, inspecteur des manufactures d'armes, en 1828.

2549. Pistolet percutant et à balle forcée sans le secours du maillet, d'après le système Delvigne, proposé par le même.

2550. Pistolet de marine percutant, à crochet de ceinture.

2551. Pistolet d'officier de gendarmerie, à percussion et à balle forcée, d'après le système Delvigne, proposé par M. le colonel de Poncharra.

2552. Projet de pistolet en fer, sans platine; le grand ressort faisant fonction de chien; donné par M. H. Lepage.

2553. Pistolet de cavalerie, modèle 1816, transformé.

PARTIES D'ARMES.

(Placées au-dessus des tables de la deuxième et de la troisième galerie.)

2554. Tableau rassemblant plusieurs canons d'armes à feu portatives, tels que canons de canardières, canons turcs, à bouts en tulipe, canons en damas et damasquinés en or et en argent.

2555. Projet de canon de fusil, pour cartouche à poudre comprimée sur la balle; par M. Lepage.

2556. Tableau rassemblant un grand nombre de platines différentes, anciennes et modernes, françaises et étrangères, et présentant les perfectionnements successifs de cette partie des armes à feu portatives, depuis la platine à mèche, la plus ancienne, jusqu'à la platine à percussion.

2557. Au-dessous du tableau des platines. Étude relative à la transformation des armes

à silex en armes à percussion, par M. H. Lepage.

2558. Tableau : projet de platines à percussion, pour les canons de marine ; celle qui est montée sur un plateau en bois est une platine belge.

2559. Grande double platine, à chien à double tête, douée d'une action alternative ; son mécanisme se rapproche du fusil simple à double feu. (*Don de M. Lepage.*)

2560. Tableau rassemblant plusieurs baïonnettes anciennes françaises et étrangères, de formes variées : la première est une baïonnette de première origine.

2561. Tableaux des états successifs de la fabrication des armes à feu portatives.

2562. Fabrication des parties du mousqueton et du tire-balle.

2563. Fabrication de la baïonnette, du pistolet et de la garniture du fusil.

2564. Fabrication de la platine, des vis et de la plaque de couche.

2565. Fabrication du canon de fusil et de la culasse.

2566. Fabrication des bois de fusil et de pistolet.

2567. Série d'échantillons de toutes les pierres à feu françaises, et outillage nécessaire pour cette fabrication.

—

OBJETS ACCESSOIRES AUX ARMES A FEU PORTATIVES.

(Première galerie, tableau n° 2.)

2568 et **2569**. Anciennes cornes d'amorce pour canon.

2570 et **2571**. Poires à poudre, en corne, gravées, du temps de Louis XIV.

2572. Poire à poudre, sculptée, avec bourse pour les balles, de la même époque.

2573. Poire à poudre, en corne gravée, aux armes de Saxe, avec une bourse pour les balles.

2574 et 2575. Anciennes poires à poudre, en cuir bouilli, garnies en fer noir.

2576. Petite poire à poudre, avec bourse pour les balles, garnie en fer gravé; du xvie siècle.

2577. Chargette pour mesurer la charge de la poudre à mousquet.

2578. Poire à poudre du xvie siècle, qu'on pourrait appeler *nécessaire d'arquebusier*. On y trouve un magasin pour la poudre à charger, un autre pour le pulvérin à amorcer : deux réservoirs pour les balles, un pour les chevrotines, et une clef pour monter le rouet.

2579. Poire à poudre turque, ornée de bandes en cuivre et de nacre.

2580 et 2581. Gibernes de ceinture, ou cartouchières, l'une en cuivre grossièrement ciselée, l'autre en cuir garni de petits clous.

2582 et 2583. Gibernes, ou cartouchières, à ceinturon. Le n° 2582 est une giberne arabe provenant de l'Algérie.

2584 à **2586**. Anciennes cartouchières, avec boîtes, pour les charges de mousquet.

2587 à **2589**. Fourquines de mousquet.

(Armoire de la troisième galerie.)

2590. Magnifique poire à poudre indienne, garnie de pierreries montées sur vermeil.

(Armoire de la quatrième galerie.)

2591. Poire à poudre ornée de sculptures du plus beau travail, et de damasquinures en or et en argent sur fer. D'un côté, on voit représentée la Résurrection du Christ; au-dessous, l'inscription : *Hâc spe patent cœli;* et en chiffre, le mot *Fidelis.* De l'autre côté, au milieu de plusieurs ornements, est gravé un portrait.

2592. Ancienne poire à poudre en ivoire sculpté, représentant un groupe d'animaux.

2593. Amorçoirs en cuivre, pour les poudres fulminantes.

2594. Ancienne poudrière en corne de cerf sculptée, époque de Charles IX ; donnée par M. Boucher de Perthes.

2595 et **2596.** Amorçoirs pour poudre fulminante, de M. Lepage.

2597. Ancien porte-épée à crochet de ceinture, époque de Louis XV.

—

ARMES ETRANGÈRES.

(Salle du rez-de-chaussée.)

Les armes à feu de guerre actuellement en service chez les puissances étrangères ont été rangées par ordre alphabétique, et l'on y a réuni les armes anciennes de même origine, avec platines à batterie, pour qu'il fût possible d'apprécier les perfectionnements que ces armes ont subis.

ARMES EN USAGE DANS L'ARMÉE ANGLAISE.

2598 à **2603.** Fusils d'infanterie et de voltigeur. Le n° **2598** est le modèle type de la fourniture des fusils *india patern*, achetés en 1831.

2604 à **2606.** Mousquetons avec platine à batterie.

2607 à **2610.** Carabines à batterie, portant sabre-baïonnette. Le n° **2610** a été donné au Musée par M. le général Lasnon.

2611. Fusil d'infanterie à percussion; envoyé par l'ambassade de France, en 1842.

2612. Carabine avec canons à deux rayures ; la balle porte une ceinture.

2613. Petit mousqueton avec platine à batterie, et baguette à bascule.

2614 à **2619.** Pistolets de cavalerie avec platine à batterie.

2620 à **2623.** Pistolets avec platines à batterie, et baguette à bascule.

2624. Projet de petit pistolet avec platine à percussion, et baguette à bascule.

Sur le tableau sont réunies les armes anglaises à percussion, reçues en 1845.

2625 à **2628.** Fusil d'infanterie: carabine à deux rayures ; mousqueton, pistolet, accessoires des armes à feu.

ARMES EN USAGE DANS L'ARMÉE DES ÉTATS-UNIS
D'AMÉRIQUE, REÇUES EN 1848.

2629 à **2636**. Fusil à percussion, carabine, mousqueton d'artillerie, portant sabre-baïonnette; mousqueton se chargeant par le tonnerre; pistolet et accessoires des armes.

ARMES EN USAGE DANS L'ARMÉE AUTRICHIENNE.

2637 à **2640**. Fusils d'infanterie avec platine batterie.

2641 et **2642**. Fusils de voltigeur, avec platine à batterie.

2643 et **2644**. Carabines avec platine à batterie, et baïonnette-sabre.

2645 et **2646**. Pistolets à batterie.

Sur le tableau sont réunies les armes à percussion reçues en 1845.

2647 à **2652**. Fusil d'infanterie et fusil de voltigeur, à canon rayé : platines du système Consolé; carabine de chasseur à grande

9.

baïonnette-sabre, mousqueton de cavalerie, carabine courte pour la cavalerie; pistolets avec platine à batterie, et accessoires des armes.

ARMES EN USAGE DANS L'ARMÉE BAVAROISE, REÇUES EN 1846.

2653 à **2660**. Fusil de rempart à canon rayé, fusil d'infanterie et fusil de voltigeur; carabine à sabre-baïonnette; mousqueton et pistolets, avec accessoires des armes.

ARMES EN USAGE DANS L'ARMÉE BELGE, REÇUES EN 1845.

2661 à **2667**. Deux fusils d'infanterie, dont un transformé; carabine à sabre-baïonnette, mousqueton, pistolets, accessoires des armes.

ARMES EN USAGE DANS L'ARMÉE DANOISE.

2668 et **2669**. Fusils d'infanterie et de voltigeur, avec platine à batterie.

2670 et **2671**. Carabine et mousqueton, avec platine à batterie.

Sur le tableau sont les armes à percussion reçues en 1845.

2672 à **2676**. Fusil d'infanterie, fusil de chasseur, à canon rayé; carabine, mousqueton de cavalerie, pistolets, accessoires des armes.

ARMES EN USAGE DANS L'ARMÉE HOLLANDAISE.

2677 à **2682**. Fusils d'infanterie et fusil de voltigeur, avec platine à batterie.

2683 et **2684**. Mousqueton, et pistolets avec platine à batterie.

Sur le tableau sont réunies les armes à percussion reçues en 1845.

2685 à **2689**. Fusils d'infanterie et de voltigeur; carabine à sabre-baïonnette, pistolets, et accessoires des armes.

ARMES DU DUCHÉ DE HESSE-DARMSTADT.

2690 à **2693**. Mousqueton de cavalerie,

pistolet, sabre de cavalerie et sabre d'infanterie.

ARMES EN USAGE DANS L'ARMÉE NORWÉGIENNE,
RECUES EN 1846.

2694 à **2698.** Fusil d'infanterie se chargeant par la culasse, fusil d'infanterie, fusil
à percussion reçu en 1834 ; accessoires des
armes.

ARMES EN USAGE DANS L'ARMÉE PRUSSIENNE.

2699 à **2702.** Fusils d'infanterie et carabines, avec platine à batterie.

2703 à **2704.** Mousquetons avec platine
à batterie.

2705. Fusil à aiguille, se chargeant au
tonnerre.

2706. Fusil de chasse prussien, à amorce
fulminante ; le fusil de ce système proposé
comme arme de guerre, porte le nom de
fusil à épingle.

2707 et **2708.** Carabines à percussion ;

l'une d'elles porte une pompe sur le côté du canon pour introduire dans le canon une certaine quantité d'air comprimé.

2709. Projet de fusil à percussion.

2710. Carabine avec platine à batterie.

2711 à **2719.** Pistolets avec platine à batterie ; les nᵒˢ **2718** et **2719** sont les pistolets des hussards de la Mort.

Sur le tableau sont fixées les armes à percussion reçues en 1845.

2720 à **2722.** Trois fusils, dont deux transformés : carabine de chasseur, petites carabines pour la cavalerie, dont une avec platine à batterie ; deux mousquetons, dont un à batterie ; accessoires des armes à feu.

ARMES EN USAGE DANS L'ARMÉE RUSSE, REÇUES EN 1845.

2723 à **2729.** Sur le tableau comportant les modèles des armes à batterie : fusil d'infanterie, fusil de sapeur, fusil de cosaque, mousqueton de pionnier à cheval, mousqueton de cavalerie, carabine courte pour la cavalerie, pistolets et accessoires des armes.

Un second tableau présente les armes russes à percussion reçues à la même époque.

2730 à 2733. Fusils d'infanterie, dont un transformé, fusil de sapeur, carabine type en usage en Angleterre, avec canon à deux rayures ; mousqueton de pionnier à cheval, mousqueton de cavalerie, carabine courte pour la cavalerie, pistolets et accessoires des armes.

2734 à 2741. Fusils anciens, avec platine à batterie.

2742. Fusil du système Heurteloup ; ce fusil, d'abord accepté en Russie, a été supprimé depuis.

2743. Transformation du système Heurteloup ; ces deux armes s'amorcent à l'aide d'un ruban métallique chargé de poudre fulminante.

ARMES EN USAGE DANS L'ARMÉE SARDE, REÇUES EN 1845.

2744 à **2754.** Fusil d'infanterie et fusil de voltigeur, fusil de sapeur, carabine à rubans d'amorce et sabre-baïonnette, mousqueton des gardes du corps du roi, mousqueton de gendarmerie, mousqueton d'artillerie et mousqueton de cavalerie, petit mousqueton à canon rayé pour la cavalerie, pistolet de marine à crochet de ceinture, pistolet de gendarmerie et de cavalerie, accessoires des armes.

Sur le tableau de gauche sont fixés les équipements militaires de l'armée sarde, tels que baudrier, ceinturon, giberne d'artillerie, baudrier jaune et fontes de pistolet.

ARMES EN USAGE DANS L'ARMÉE SAXONNE, REÇUES EN 1845.

2755 à **2758.** Fusil d'infanterie, carabine, mousqueton, pistolet et accessoires des armes.

ARMES EN USAGE DANS L'ARMÉE SUÉDOISE.

2759 et **2760**. Fusil d'infanterie et fusil de voltigeur, avec platine à batterie.

2761 et **2762**. Carabine à sabre-baïonnette, et mousqueton avec platine à batterie.

Sur le tableau sont réunies les armes à percussion reçues en 1845.

2763 à **2768**. Fusils d'infanterie dont un transformé; carabine, pistolets à crosse mobile pour servir de mousqueton, accessoires des armes.

ARMES EN USAGE DANS L'ARMÉE WURTEMBERGEOISE, REÇUES EN 1845.

2769 à **2776**. Fusil d'infanterie, mousqueton d'artillerie et mousqueton de cavalerie, pistolets de cavalerie.

2777 et **2778**. Sabres de cavalerie, sabres d'infanterie et hache de campement,

ARMES SUISSES.

2779 à **2781**. Carabines à double détente et à hausse mobile, des cantons de Vaud et de Berne; le canon du n° **2781** est d'un petit calibre; accessoires des armes.

ARMES ESPAGNOLES.

2782 à **2786**. Fusils anciens avec platine à batterie.

2787 à **2790**. Fusils de voltigeurs avec platine à batterie.

2791 à **2792**. Pistolets avec platine à batterie.

ARMES PORTUGAISES.

2793 à **2796**. Fusils d'infanterie avec platine à batterie, mousquetons avec platine à batterie.

3797. Fusil napolitain.

ARTILLERIE.

ANCIENS CANONS, OBUSIERS, MORTIERS, PIERRIERS.

(Galerie du rez-de-chaussée.)

2798 à **2800**. Bombardes en fer forgé, abandonnées par les Anglais devant la ville de Meaux, en l'année 1422.

2801. Canon en fer forgé, du xve siècle, trouvé à Rennes.

2802. Ancienne bombarde formée de barres longitudinales soudées et renforcées par des cercles ; le tout en fer forgé.

2803. Canon du xve siècle, en fer forgé, de très-gros calibre, ouvert par la culasse et pesant 2 338 kilogrammes ; trouvé, en 1794, dans une commanderie de l'ordre de Malte, près de Verdun.

2804 à **2810**. Petits canons à fourche, en fer forgé ; ces bouches à feu, du xve siècle, se chargeaient par la culasse, au moyen de boîtes mobiles, assujetties par des coins de fer.

2811 et **2812**. Autres petits canons en bronze, de la même forme que les précédents : l'un des deux a conservé sa boîte mobile ; pris à Constantine.

2813. Canon en bronze pris à Alger en 1830 ; il porte un cordon de fleurs de lis autour de la plate-bande de culasse ; six fleurs de lis dans la longueur du premier et du second renfort, et sept sur la volée ; sur le second renfort, un écusson elliptique renferme une légende turque. Imitation des canons français, avec lesquels il a été trouvé.

2814. Canon en bronze coulé par l'ordre de François Ier. Il porte sur le premier renfort une salamandre surmontée d'une couronne. La volée est parsemée de fleurs de lis. Pris à Alger en 1830.

2815. Canon français du règne de Louis XII ; trouvé à Alger en 1830. La volée est parsemée de fleurs de lis, et le premier renfort porte un porc-épic.

2816 et **2817.** Canons turcs de bronze, dont l'un a 0^m,16 de calibre, et l'autre 0^m,22. Le premier porte dix-neuf cordons équidistants, formant des divisions ornées d'arabesques ; l'autre en a quatorze et deux écussons avec des inscriptions arabes. Ces deux canons ont été pris à Alger en 1830.

2818 à **2821.** Autres canons en bronze, du temps de François Ier. Ils portent sur le premier renfort une salamandre surmontée d'une couronne. Les volées sont parsemées de fleurs de lis.

2822. Canon en bronze du règne de Louis XIII. Sur le renfort, des armoiries et l'inscription : *Cardinal de Richelieu ; 1636.*

2823. Canon en bronze du temps de Louis XIII ; orné de sculptures artistement exécutées. Il porte les armoiries et le nom du cardinal de Richelieu.

2824. Coulevrine en bronze, à pans, du temps de François Ier. Elle porte sur le premier renfort une salamandre.

2825. Coulevrine en bronze, à huit pans,

du temps de Henri II. Sur le plan supérieur, 1° un écusson composé de deux arcs renfermant un croissant; 2° un H surmonté de la couronne royale; 3° le chiffre du roi et la date 1589.

2826. Petite coulevrine en bronze, de la même époque que la précédente, et portant les mêmes emblèmes; prise à Biskara en 1844, et donnée par S. A. R. Mgr le duc de Montpensier.

2827. Petite coulevrine en bronze, à huit pans. Le bouton de culasse forme une tête de loup. Trouvée près de Lyon en 1842.

2828. Canon espagnol du calibre de 6, pris à Alger en 1830. Il est du temps de l'empereur Charles-Quint.

2829. Coulevrine en bronze, du temps de François Ier. Elle porte sur le premier renfort une salamandre surmontée d'une couronne.

2830. Coulevrine en fer forgé, à huit pans, avec inscription sur la face supérieure.

2831. Petite coulevrine en bronze, du calibre de 0^m,032; chargée d'ornements ciselés. Elle porte la date 1570.

2832. Petit canon de bronze, dont le premier renfort et la volée sont ornés de croissants. Remis, en signe de soumission, par une tribu arabe de l'Algérie.

2833. Canon de 4, de bronze, portant la date 1755 et l'inscription : *Compagnie des Indes.*

2834. Canon de 4, de bronze, portant la date 1590, et l'inscription : *Claudius a Guizia, abbas Cluniacensis, fieri fecit.*

Claude de Guise, abbé de Cluny, était fils naturel de Claude Ier, duc de Guise. Le cardinal Charles de Lorraine le nomma son coadjuteur à l'abbaye de Cluny, dont il devint abbé titulaire en 1574. Il se montra un des Ligueurs les plus zélés, fut compris dans l'amnistie que Henri IV accorda en 1594, et mourut en 1612.

2835 à 2837. Canons français, de bronze,

pris à Saint-Jean d'Ulloa le 27 novembre 1838.

2838 et **2839**. Canons espagnols, de bronze, pris, à la même époque, à Saint-Jean d'Ulloa.

2840. Canon espagnol, de bronze, de 36, pris à Alger en 1830.

2841. Canon de 12, en bronze, modèle 1732, fondu à Douai en 1748.

2842. Pierrier en bronze, du calibre de $0^m,40$, fabriqué à Lyon en 1751; modèle fixé par l'ordonnance de 1732.

2843 et **2844**. Canons en bronze de 8, de l'ordonnance 1732.

2845. Canon algérien en bronze, à 9 âmes; pris à Alger en 1830.

2846. Obusier-canon saxon, à chambre cylindrique, calibre de $0^m,30$, fabriqué en 1523.

2847 et **2848**. Canons pierriers turcs, de bronze, pris à Alger en 1830. Ils ont été fabriqués sous le règne de Sélim III. Calibre, $0^m,35$; poids, 4000 kilogrammes.

2849. Coulevrine en bronze, à huit pans, du temps de François Ier.

2850 et **2851.** Anciens petits canons en bronze, du calibre de $0^m,035$. Le premier renfort est à pans, et la volée en forme de colonne cannelée.

2852 à **2854.** Petits canons de bronze, portant la date 1566. On lit sur le bourrelet : *Leonhart Peringeri opus*. Sur la volée, l'un d'eux porte la lettre E, l'autre la lettre H, et la troisième la lettre N. Sur le tonnerre sont ciselées les armes de Bavière.

2855 à **2857.** Canons en bronze, de petit calibre, chargés d'ornements ciselés. Ils sont nommés *Alexandre*, *Marc-Antoine* et *Cneius Pompée*.

2858. Petit canon en bronze, nommé *le Roland*. Le bouton de culasse est ciselé en tête de lézard.

2859. Petit modèle, à l'échelle d'un quart, du canon de marine, en fer coulé.

2860. Autre ancien canon de marine, en fer coulé, du calibre de 4.

2861. Ancienne culasse, ou chambre de bombarde, à huit pans, en fer forgé; trouvée dans les jardins de l'évêché de Meaux.

2862. Boîte de canon en fer forgé destiné à contenir la charge de poudre; arme du xve siècle, trouvée à Guise à la construction d'un pont sur l'Oise.

2863. Pièce en fer forgé, avec son affût aussi en fer forgé, construite par un maréchal ferrant des Ilettes.

2864 à 2865. Cinq canons et deux obusiers en bronze, coulés par l'ordre d'Abd-el-Kader, et montés sur affûts anglais; pris à Tlemcen en 1842.

2866. Mortier du calibre de $0^m,13$, à la Coëhorn; pris à la citadelle d'Anvers en 1832.

(Première galerie du Musée.)

2867. Coulevrines à main, de première origine : l'une en fer, l'autre en bronze.

2868. Ancienne pièce en bronze, du calibre de $0^m,03$ à pans depuis les tourillons jusqu'à la bouche, et grossièrement arrondie à la lime. Entre les tourillons et la culasse elle porte l'inscription suivante : *Donné par Charles VIII à Bartemi, seigneur de Pins, capitaine des bandes de l'artillerie en 1490. (Cette pièce curieuse a été donnée au Musée par M. le marquis de Pins.)* Une pièce pareille est conservée au château d'Aulagnières (Gers), appartenant à la famille de Pins.

2869 et **2870.** Canons en fer forgé, très-longs et de petit calibre, se chargeant par la culasse ; l'un d'eux porte la date de 1555. Ces canons ont été trouvés au fort Queyras.

2871 et **2872.** Autres canons en fer forgé, de petit calibre, avec couvre-lumière à coulisse : l'un d'eux porte la date 1611.

2873 et **2874.** Très-belles pièces en fer forgé, et ornées de ciselures artistement exécutées. Elles ont été fabriquées en Espagne, l'une (du calibre de 4) en 1773, l'autre (du calibre de 3) en 1775.

2875. Mortier en fer forgé, du plus beau travail, fabriqué par le même artiste que les deux canons précédents, en 1775.

2876. Espingoles, ou épingards de marine, avec platine à batterie.

2877. Pierrier de marine, avec platine à percussion et vis de pointage en arc de cercle; proposé par M. Parrizot, colonel d'artillerie.

2878 à 2880. Petits canons en fer forgé, à culasse mobile et carabinés, portant l'inscription *T. Senner inventor*, 1746, et un aigle couronné.

2881. Canons du roi Gustave-Adolphe. Ils furent pris à Lutzen par les troupes bavaroises. L'âme, en cuivre rouge, de 0^m,2 d'épaisseur, est garnie de douves en bois assez épaisses et fortement ficelées. Le tout est recouvert par une enveloppe de cuir.

2882. Canon de 8, en fer forgé, fabriqué en 1810 par la compagnie Étienne, de Lyon. (Voyez GASSENDI, 5e édition, page 734.)

2883. Canon rayé, en fer forgé, et destiné, par l'inventeur Perkins, à lancer des boulets à l'aide de la vapeur. C'est ce canon qui a servi aux expériences faites à Vincennes en 1826.

2884. Canon en bronze d'un très-beau travail, et d'un calibre inférieur au 4 français, monté sur affût; il pèse cent soixante kilogrammes et il a été construit à Turin en 1792, sous les yeux et pour l'instruction militaire des princes français fils du comte d'Artois.

2885. Pierrier de marine en bronze.

2886. Projet de canons en fer, pour la marine, avec appareil destiné à faciliter la charge de la pièce. Ces deux modèles proviennent du Conservatoire des Arts et Métiers.

(Salle du rez-de-chaussée.)

Modèles, à l'échelle du sixième, de l'artillerie française, au commencement du règne de Louis XIV.

Cette collection fut faite pour l'instruction du grand dauphin, fils de Louis XIV, sous la direction de Leblond. Les pièces portent, sur le premier renfort, un cartouche ciselé aux armes du dauphin, et, dans une gorge creusée au milieu de la plate-bande de culasse : *Goss. Mich. Wolf. Hieronimus Heroldt, in Nuremberg,* 1663.

2887. Affût et canon de 48, appelé *canon d'Espagne.*

2888. Affût et canon de 32, appelé *canon de France.*

2889. Affût et canon de 24, appelé *demi-canon d'Espagne.*

2890. Affût et canon de 16, appelé *demi-canon de France.*

2891. Affût et canon de 12, ou pierrier, se chargeant au tonnerre, au moyen d'une boîte mobile.

2892. Affût et canon de 8, appelé *coulevrine.*

2893. Affût de 4.

2894. Obusier-canon, monté sur affût.

2895. Affût de 24, de place, à la Vauban.

2896. Affût de contrescarpe de 4, avec canon.

2897. Affût de 24, de place, avec avant-train à limonière; il porte son canon.

2898. Triqueballe ordinaire.

2899. Chèvre de place.

2901 à **2903**. Mortiers du calibre de $0^m,32$, à chambre sphérique, et à l'échelle du sixième. Ils sont antérieurs aux modèles fixés par l'ordonnance de 1732; montés sur affûts à flasques.

2904. Pierrier, à l'échelle du huitième, de la même époque, monté sur affût.

2905. Affût de 24, de siége, avec son canon; fin du xviie siècle.

2906. Affût de 24, de campagne, avec avant-train à limonière, chargé de son canon; fin du xviie siècle.

Système d'artillerie du règne de Louis XV.

2907 à **2911**. Modèles, à l'échelle du quart, des affûts à limonière des cinq calibres fixés par l'ordonnance de 1732, pour l'artillerie de terre, savoir : de 24, de 16, de 12, de 8 et de 4. Le général Saint-Auban avait fait présent de cette collection des modèles de l'artillerie de M. de Vallière au roi Louis XVI, qui la garda toujours dans son cabinet. En 1797, elle fut transportée de Versailles au Musée de l'Artillerie.

2912 et 2913. Mortiers, à l'échelle du quart, du calibre de 0^m,32 ; modèle fixé par l'ordonnance de 1732.

2914 et 2915. Autres mortiers, à la même échelle, du calibre de 0^m,22, et conformes au modèle fixé par la même ordonnance.

2916 à 2918. Affûts de mortiers et de pierriers, de la même époque.

Système d'artillerie du règne de Louis XVI.

Système dit *de Gribeauval.*

Cette collection de modèles, à l'échelle du quart, diffère, en plusieurs points, du tracé fixé par les Tables; elle a été fabriquée sous les yeux même de Gribeauval, et a servi à l'étude du système qui fut définitivement adopté.

2919 à 2922. Affûts des calibres de 16, 12, 8 et 4. Ce sont les premiers imaginés par Gribeauval. Le coin de mire est en deux parties que l'on place dans un étrier, sous l'entretoise de mire. Ces affûts étaient destinés à la fois au service de siége et de campagne. L'affût de 16 est chargé de son canon; il a été muni d'échantignoles, pour être adapté au service de place.

2923 et 2924. Affûts et pièces de canon du calibre de 24 et de 16, de siége, avec avant-train à limonière pour la montagne. Dans ces affûts, le coin de mire est mû par une vis de pointage horizontale.

2925. Affût de côte avec son canon du calibre de 24; même coin de mire.

2926. Affût de place avec son canon du calibre de 24, et avant-train à limonière pour la plaine, et châssis de transport; vis de pointage verticale.

2927. Affût de 16, de place.

2928. Affût de 12, de place.

2929. Affût de 8, de place.

2930. Chariot à canon, ou porte-corps, avec avant-train chargé d'un canon de 16, de siége.

2931. Affût avec son obusier de $0^m,22$, et avant-train à limonière pour la plaine : coin de mire, avec vis de pointage horizontale.

2932. Affût avec son obusier de $0^m,16$, et avant-train pour la plaine, et coin de mire comme à l'affût précédent.

2933 et **2934.** Affûts et canons de 12 et de 8, pour la campagne, avec avant-train pour la plaine et la montagne.

2935. Affût et canon, du calibre de 4, avec avant-train pour la plaine.

2936. Affût de troupes légères, avec canon du calibre de 2.

2937. Caisson d'obusier, de $0^m,16$.

2938. Caisson de 12.

2939. Caisson pour cartouches d'infanterie.

2940. Caisson de parc.

2941. Forge de campagne, à quatre roues.

2941. Forge de campagne, à deux roues.

2942. Chariot à munitions, dit aussi de division, avec son coffre à outils.

2943. Charrette à munitions.

2944. Charrette à boulets.

2945. Camion pour le transport des mortiers.

2946. Triqueballe ordinaire.

2947. Triqueballe à vis, pour le transport des bouches à feu.

2948. Chèvre ordinaire de place.

2949. Chèvre brisée, pour la campagne.

2950. Mortier en bronze du diametre de $0^m,3_2$.

2951. Mortier en bronze, à grande portée, du diametre de $0^m,27$.

2952. Mortier à petite portée, du diamètre de 0^m,27, avec son affût.

2953. Mortier du calibre de 0^m,22, avec son affût.

2954. Mortier de côte, du calibre de 0^m,32.

2955. Mortier de côte, du calibre de 0^m,27.

2956. Mortier à la Gomer, du calibre de 0^m,32, avec son affût.

2957. Mortier et affût à la Gomer, du calibre de 0^m,27.

2958. Mortier et affût à la Gomer, du calibre de 0^m,22.

2959. Pierrier, du calibre de 0^m,40, avec son affût.

2960. Pétards.

2961. Civière à bombes de 0^m,22, et à obus.

2962. Civière ordinaire, à pieds.

2963. Civière ordinaire, sans pieds.

2964. Brouette pour le transport des bombes.

2965. Chevrette et levier.

2966. Traîneau glissant pour la montagne, chargé d'un canon en bronze.

2967. Traîneau à rouleaux.

2968. Traîneau ordinaire.

2969. Mouton à bras, pour le tassement des terres.

Modèles du système d'artillerie de l'an xi.

Ces modèles sont à l'échelle du sixième.

2970. Affût de 24, de siége, à flèche, avec encastrement de route, pour le transport de la pièce.

2971. Obusier de $0^m,15$ et son affût, avec avant-train et son coffret, à l'échelle d'un quart.

2972. Affût et avant-train, avec son coffret; à l'aide de manchons, que l'on place autour des tourillons de la pièce de 8, l'affût sert pour les deux canons de 12 et de 8 de campagne.

2973. Affût et avant-train, avec son coffret; à l'aide de manchons additionnels, il peut servir aussi pour le 6 et le 4.

2974. Caisson à grand tournant; l'intérieur est garni de coffres pour le chargement.

2975. Forge de campagne à quatre roues, à grand tournant.

2976 et 2977. Affûts-traîneaux pour la guerre de montagne, à l'échelle de moitié.

2978. Leviers-portereaux, pour les affûts-traîneaux de montagne.

2979. Forge portative pour la guerre de montagne. Elle se démonte, et on la transporte en campagne sur un chariot à munitions; à l'échelle du quart.

2980. Triqueballe pour le transport des bouches à feu.

Modèles du système d'artillerie adopté en 1845.

2981. Affût de casemate, au cinquième ; modèle commun aux cinq canons en bronze, et aux trois obusiers de siége et de campagne, avec lisoir directeur et coussinets de tourillons de rechange ; par M. le colonel Pourchet.

2982. Affût de côte et de casemate, au cinquième ; modèle commun aux canons en fonte de 24, de 30 et de 36, et à l'obusier de côte de $0^m,22$; avec châssis pour le tir à barbette, et lisoir directeur pour le tir à embrasure ; par le même officier.

2983. Affût et avant-train de 24, de siége, modèle 1825, avec son canon.

2984. Affût et avant-train de 16, de siége, modèle 1841, avec son canon.

2985. Affût de place et côte, de 24, modèle 1828, avec son canon ; modification de 1841.

2986 et 2987. Affûts de côte, en fer, armés tous les deux de leur bouche à feu : l'une est l'obusier de 0^m,22, et l'autre un canon de 30 (échelle du cinquième et du dixième).

2988 et **2989**. Affûts de mortier, modèles 1848. Ces modèles sont armés de leurs mortiers en bronze des calibres de 0^m,32, de 0^m,27, de 0^m,22 et de 0^m,15.

2990. Affûts de campagne pour pièce de 12 et obusier de 0^m,16, avec canon de 12, et obusier-canon de 0^m,16.

2991. Affût et avant-train de campagne, pour pièce de 8, et obusier de 0^m,15, avec obusier-canon; modèle 1827.

2992. Caisson, avec avant-train, pour le transport des munitions; modèle 1840.

2993. Forge de campagne et avant-train, bigorne et coffre à outils de serrurier; modèle 1827.

2994. Obusier-canon de 12, du système de S. M. l'Empereur Napoléon III.

2995. Forge portative pour l'artillerie de montagne et pour la cavalerie, avec les deux caisses et l'outillage; transportable à dos de mulet; modèle 1831.

2996. Affût d'obusier, avec limonière, et obusier de 0^m,12, pour la montagne.

2997. Bât et caisses à munitions, chargé d'un obusier de 0^m,12, pour le transport à dos de mulet; modèle 1828.

2998. Chariot de batterie, modèle 1827.

2999. Chariot de batterie, modèle 1833, avec avant-train. Deux essieux de rechange, n° 2 et n° 3.

3000. Chariot de parc, avec avant-train; modèle 1827.

3001. Chariot porte-corps pour le transport des pièces de gros calibre et des mortiers, avec cadre pour les gros projectiles; modèle 1827.

3002. Triqueballe pour le service des places, modèle 1827.

3003. Charrette de siége, modèle 1828.

3004. Chèvre de place et de campagne, modèle 1825.

3005. Chèvre à crémaillère ; modèle 1840, modifié en 1847.

3006. Chevrette pour le service des parcs.

3007. Coffre à munitions, modèle 1827.

3008. Modèle d'obusier de 0^m,22.

3009. Modèle de canon de 30, de marine.

—

ANCIENS MODÈLES DE CANONS.

(Table du milieu.)

3010 à 3012. Pièces à chambre sphérique, en usage à la fin du XVIIe siècle, et telles qu'on les fondait en Flandre. Elles portent autour du ventre l'inscription suivante : *Berangèr de Falize fecit ; Duaci,* 1694.

3013 à 3017. Modèles de la fin du règne de Louis XIV.

3018 et 3019. Canons ciselés, coulés à Douai en 1731.

3020. Coulevrine nommée *Othon*, et portant sur la volée le nom de Louis-Auguste de Bourbon, duc du Maine.

3021. Coulevrine, ornée sur les trois renforts de sculptures du plus beau travail.

3022. Coulevrine, ornée de sculptures, et appelée l'*Éclatante*.

3023. Canon nommé l'*Amazone*. Douai, 1740.

3024 à 036. Canons anciens, sculptés, du calibre de 48. Le premier porte la date 1654.

3027 et 3028. Anciens modèles de gros calibre. Le dernier porte sur la plate-bande de culasse : Strasbourg, 1760.

3029 à 3038. Modèles anciens de canons de différents calibres, et construits à diverses échelles.

3039 et 3040. Pièces en fer forgé. La plus longue est une coulevrine dont le canon est rayé.

3041. Obusier chargé d'ornements ciselés, à l'échelle du quart; par Jean Maritz.

—

PROJETS.

3042. Canon monté sur son affût et se
chargeant par la culasse, au moyen d'un coin
en fer.

3043. Coulevrine turque, se partageant
en plusieurs tronçons à vis, et se chargeant
par la culasse, à l'aide d'une boîte mobile.

3044. Projet de canon se chargeant par
le tonnerre; par le général Gassendi.

3045 et **3046.** Canons se chargeant par la
culasse, au moyen d'un levier à roues den-
tées, qui fait mouvoir un coin en fer.

3047. Pièce se chargeant par la culasse,
au moyen d'une forte vis en fer, supportée
par une charnière.

3048. Projet de canon à sept coups, se
chargeant par la culasse, au moyen d'une

boîte mobile, maintenue par une forte vis de pression horizontale.

3049. Canon se partageant en plusieurs tronçons, pour la commodité du transport. On réunit ces tronçons par de fortes vis à écrous.

3050. Canon se chargeant par le tonnerre, au moyen d'un bouchon à bascule, maintenu en place par une forte vis verticale.

3051 et 3052. Canons se chargeant par la culasse au moyen d'un cylindre tournant, à manivelle et à robinet. Le dernier est monté sur son affût.

3053. Canon dont la bouche et la lumière sont recouverts par un mécanisme à secret.

3054 et 3055. Canons se chargeant par la culasse, à l'aide d'une boîte mobile; par le sieur Boileau, à Paris. L'un d'eux est monté sur son affût.

3056. Projet du sieur Guillaume, pour

faire servir, par un seul homme, une pièce de canon.

3057. Projet de canon de marine monté sur affût et se chargeant par la culasse, proposé par M. Guillery, professeur à l'université de Bruxelles.

3058. Projet de canon de côté en bronze, se chargeant par la culasse au moyen d'un levier, et monté sur affût. Envoyé au Musée par S. M. l'Empereur Napoléon III.

—

MORTIERS.

3059 et 3060. Modèles de catapultes, ou manganes, dont on se servait pour lancer des pierres ; l'un est monté sur affût ; par Houlet, à Paris.

3061 et 3062. Mortiers à chambre sphérique, antérieurs à l'ordonnance de 1732.

3063. Mortier hollandais, portant la date 1750.

3064. Mortier en fonte, à semelle, dont l'axe est incliné à 45 degrés.

3065. Modèles de mortier-bilboquet, du général Lamartillière.

3066. Mortier à la Gomer.

3067 et **3068**. Bombardes, ou longs mortiers hollandais. Le plus gros porte la date 1749.

3069 et **3070**. Mortiers avec affût muni d'un treuil propre à en faciliter le pointage.

3071. Mortier monté sur affût, à flasques en cuivre.

3072. Mortier en bronze, pour bombes d'artifice.

3073 et **3074**. Mortiers à chambre sphérique et à semelle; par l'adjudant commandant Mayer.

3075. Projet de mortier, avec son affût.

3076. Petit pierrier de l'ordonnance 1732, monté sur projet d'affût.

3077. Projet de mortier. Son affût est

placé sur un châssis qui facilite la mise en batterie.

3078. Mortier dont l'affût porte un cylindre brisé à sa partie inférieure, pour faciliter la mise en batterie; par le sieur Mazeline.

3079. Mortier à la Gomer, de $0^m,22$, muni de l'appareil de pointage à la Bouquero.

3080. Modèle de mortier, par Bouquero. L'affût porte en dedans une vis de pointage qui agit sur une oreille ménagée dans la fonte au ventre du mortier.

3081 et **3082.** Projet de mortier et d'affût, avec vis de pointage et semelles.

3083. Modèle de pierrier de l'ordonnance de 1732, monté sur un projet d'affût, avec vis de pointage sur le devant.

3084. Modèle d'affût de mortier de côte.

3085. Mortier sur affût à flasques, avec appareil à aiguille; par M. Buffel.

3086. Mortier sur affût et plate-forme,

muni du système de pointage de M. de Trumilly.

3087 et 3088. Projets de mortiers montés sur affût, provenant du Conservatoire des Arts et Métiers.

3089. Mortier et affût à flasque, du calibre de 0^m,22; échelle d'un demi.

3090. Projet de petit mortier monté sur affût, avec vis de pointage sur le devant.

3091. Modèle de crapaud, ou affût de mortier.

3092. Modèle de plateau mû par deux leviers, à roulette, pour le transport des lourds fardeaux.

Projets de canons et mortiers dits *à orgues*. Ce sont des bouches à feu à plusieurs âmes ou accolées sur un même affût. Ces projets sont du commencement du XVIIIe siècle, et la plupart sont décrits et gravés dans les anciennes éditions des *Mémoires de Saint-Remi*.

3093. Mortier à seize coups, monté sur affût.

3094. Autre mortier à sept coups, fait par Saint-Hubert en 1710.

3095. Mortier à treize coups, monté sur affût.

3096. Quatre pierriers tenant ensemble; une lumière communique le feu aux quatre coups.

3097. Canon accolé à un mortier, qui lui est superposé.

3098. Canon à trois âmes, avec lumière communiquant le feu simultanément aux trois coups; monté sur affût à roulettes.

3099. Canon à cinq âmes, avec lumière communiquant le feu aux cinq coups; monté sur affût à flèche.

3100. Projet d'affût à brancard, armé de six canons disposés en jeu d'orgues.

3101. Projet d'affût à brancards, monté sur roues, armé de 12 canons disposés en jeu d'orgue et défendu par un cheval de frise à baïonnette. Proposé par Remblot.

3102. Projets de bouches à feu tournant

sur un axe horizontal : l'un à huit canons, l'autre à quatre.

3103. Projet de batterie de douze canons, à platines à percussion; monté sur un plateau.

3104. Quatre plateaux percés de 26 canons à orgues, avec recouvrement de lumières.

3105. Projet d'affûts-jumeaux, armés de deux canons en cuivre.

3106. Plateau en bois, monté sur essieux en fer, portant six canons disposés en jeu d'orgues.

3107. Jeu d'orgues de six canons de fusil, monté sur affût.

3108. Affût à un seul flasque, pour le tir des bombes à ricochet. Des expériences ont été faites en 1736 et en 1740 par Cormontaigne et Bélidor, avec des affûts de ce modèle.

3109. Autre affût dans le genre du précédent, et de la même époque.

3110. Projet d'affût de côte, à roulettes, avec canon. Le tout en bronze.

3111. Modèle d'affût de place, avec son châssis, le tout en fer forgé : projet proposé par le général Éblé.

3112. Projet d'affût de casemate, du général Meunier.

3113. Projet d'affût de côte, sur châssis.

3114. Projet de voiture à quatre roues, portant un fourneau pour rougir les boulets : proposé par le général Éblé.

3115. Autre projet de fourneau portatif pour rougir les boulets.

3116 et **3117.** Affûts de place et de côte, proposés par M. le professeur Ruty.

3118. Projet d'affût de place, avec roues sans jantes, présenté par M. Buffel, lieutenant d'artillerie, en 1828. Un appareil à engrenage, adapté aux extrémités de l'essieu, empêche les roues de tourner pendant le recul.

3119 et **3120.** Projets d'affût propre à

tirer de haut en bas : l'un monté sur quatre roulettes, l'autre à châssis tournant.

3121. Projet d'affût de place, avec avant-train, du colonel Menicci.

3122. Autre projet d'affût de place, monté sur roulettes; muni d'une roulette placée à l'arrière, pour faciliter la remise en batterie; par le même.

3123. Projet d'affût de place à roulettes.

3124. Affût pour obusier long, avec mécanisme à crémaillère pour le pointage.

3125. Projet d'affût de place, avec châssis.

3126. Affût de place pour obusier. Deux barres courbes en fer forgé remplacent les flasques; les roues sont excentriques: projet de M. le professeur Ruty.

3127. Projet de pièce portant des roulettes aux tourillons et au bouton de culasse, et établie sur un châssis: proposé par M. le général Gassendi.

3128. Projet d'affût de 24, de siége, avec sa limonière: proposé par le général d'Aboville.

3129. Autre projet d'affût de place, à roues excentriques, fixées sur un essieu tournant sous les flasques : proposé, en 1813, par M. Perimhoff, chef de bataillon de pontonniers.

3130. Modèle d'affût avec avant-train, propre à élever la pièce au-dessus du parapet : proposé par M. Gontaut de Canolle, en 1813.

3131. Projet d'affût avec avant-train ; le canon peut être tiré sur son avant-train ; proposé par le général Éblé.

3132. Projet de pièce de montagne ; affût à flasques en forme de brancards.

3133. Projet d'affût de campagne à un seul flasque en fer forgé : roues d'équanteur différente, fusées d'essieu cylindriques ; permettant de faire varier la voie de l'affût : projet du général Laurent.

3134. Modèle d'affût de place à bascule, élevant la pièce, par un contre-poids, au-dessus d'un parapet sans embrasures ; par M. Boitias, ingénieur.

3135. Modèle d'obusier de marine, monté sur affût à quatre pieds à roulette.

3136. Projet d'affût pour pièce de bataille.

3137. Projet d'affût de campagne à un seul flasque; la pièce peut y tourner librement autour de son axe, et cette construction a été proposée pour empêcher la formation du logement du boulet.

3138. Avant-train du nouveau système d'artillerie, modèle 1825, avec projet de sassoire à flèche, pour équilibrer le bout du timon.

3139. Autre projet d'avant-train avec coffret sur le devant.

3140. Modèle de caisson à grand tournant; proposé par le général Dorssner.

3141. Modèle de caisson, par M. Berre, capitaine d'ouvriers d'artillerie, avec projet de caisses mobiles intérieures à compartiment.

314. Caisson Wurts, avec couvercle

garni de cuir ; des marche-pieds sont disposés sur le côté, pour le transport des canonniers à pied ; une caisse placée en dessous reçoit les fusils des canonniers servants.

3143. Projet de caisson avec avant-train et essieu de rechange ; le coffret est garni de caisses mobiles intérieurement ; échelle d'un quart.

3144. Projet de caisson garni de treize coffrets mobiles dans l'intérieur, et muni d'un essieu de rechange placé sur le côté ; même échelle.

3145. Caisson à corps brisé ; de l'invention du général Faultrier.

3146. Modèle sur une plus grande échelle, de la brisure du caisson précédent.

3147. Modèle de fermeture à tringle pour les caissons : projet de M. Darencey, chef de brigade d'artillerie.

3148. Projet de fourgon des équipages militaires, avec avant-train.

3149. Modèle de caronade montée sur son affût.

3150 et **3151**. Modèle d'affût de marine à coins de mire pour le pointage, et monté sur quatre roulettes.

3152. Projet d'obusier de marine en bronze, monté sur affût: légué au Musée par M. de Slade, ancien officier de l'Empire.

3153. Projet d'affût de marine pour tirer du haut en bas, monté sur quatre roulettes.

3154. Projet d'affût de marine à vis de pointage, dont le mouvement est gradué.

3155 et **3156**. Affûts de marine, à rouleaux en arrière et à coins de mire pour le pointage.

3157 et **3158**. Affûts de marine, à rouleaux, avec vis de pointage.

3159 et **3160**. Affûts de marine, glissant sur leurs châssis, à vis de pointage.

3161. Projet d'affût de marine, avec châssis.

3162. Ancien modèle d'affût de marine, à quatre roulettes; il est muni d'un tube servant à viser et à boucher la lumière.

3163. Affût avec châssis pour pierrier de marine, par M. Parrizot.

3164. Projet de chèvre de place, proposé par M. Arrenger, chef ouvrier d'état.

3165. Projet de chèvre de place, à chapeau, montée sur trois roulettes, avec treuil à déclic; système de timon qui permet de la rouler plus facilement; par M. Capitan, officier d'artillerie.

3166. Modèle de sonnette à tiraudes; échelle d'un cinquième.

3167. Modèle de grue à vis, proposée par M. le colonel Parrizot, en 1813.

3168. Roue à deux moyeux, avec son essieu, proposée par M. le capitaine Silvy.

3169. Roue à deux moyeux, proposée par M. le professeur Ruty.

3170. Modèle d'une paire de roues à voussoirs, avec leur essieu; proposé par le général d'Aboville père.

3171. Vis de pointage dans son écrou, avec le mécanisme de pression qui doit la fixer.

3172. Projet de clefs pour enrayer les voitures en marche.

—

ARTILLERIE ÉTRANGÈRE.

3173. Modèle d'affût, avec avant-train, de l'obusier russe nommé *licorne*.

3174 et **3175.** Projet d'affût anglais de place, avec avant-train.

3176. Modèle de l'artillerie hanovrienne : affût avec avant-train, pour la campagne.

3177. Caisson avec avant-train, du même système.

3178 et **3179.** Anciens modèles de l'artillerie autrichienne ; le système de la vis de pointage est très-compliqué.

3180. Modèle de mortier monté sur affût à quatre roues ; projet autrichien.

3181. Modèles de l'artillerie espagnole en usage en 1808.

3182. Affût d'obusier avec avant-train et coffret.

3184. Affût de 8 de campagne, avec avant-train et coffret.

3185. Affût de 6 de campagne, avec avant-train.

3186. Caisson d'obusier, avec avant-train et roue de rechange.

3187. Caisson de 8 de campagne, avec avant-train et roue de rechange.

3188. Caisson de 6 et son avant-train.

3189. Chèvre de campagne du même système.

3190. Mortier monté sur son affût; échelle du douzième.

3191. Modèle de mortier monté sur son affût; échelle du huitième.

3192. Autre modèle de mortier monté sur son affût à flasque; échelle du sixième.

3193. Affût de mortier de forte dimension : système espagnol.

3194. Système d'artillerie napolitaine. Modèle d'un affût de campagne pour canon de

6 ou pour obusier de o^m,15, avec avant-train à sassoire.

3195. Canon en bronze du temps de Louis XIV, monté sur un affût moderne à l'échelle du quart.

3196. Obusier de o^m,15, pour le même affût.

3197. Caisson et avant-train, avec roue de rechange. Les coffres sont garnis de leur chargement. Même système.

3198. Système d'artillerie suédoise. Affût avec avant-train, armé de son canon; échelle du quart.

(Deuxième galerie.)

Modèles de l'ancienne artillerie de France. Ces modèles sont à l'échelle du sixième.

Modèles des pièces du temps de Louis XIV. Ces pièces font partie de la collection qui avait été exécutée pour l'instruction du Grand Dauphin. Le premier renfort porte un cartouche ciselé aux armes du Dauphin ; et dans une gorge creusée au milieu de la plate-bande de culasse, on lit : *Goss. mich. Wolf. Hieronimus Heroldt, in Nuremberg*, 1663.

3199. Pièce de 48, appelée *canon d'Espagne*.

3200. Pièce de 32, appelée *canon de France*.

3201 à 3203. Pièce de 24, appelée *demi-canon d'Espagne*.

3204 et 3205. Pièce de 16, appelée *demi-canon de France*.

3206. Pièce de 32, montée sur son affût.

3207. Pièce de 16, montée sur son affût.

3208 et 3209. Pièces de 12, ou coulevrines, montées sur leurs affûts.

3210. Pièce de 8, montée sur son affût.

3211. Affût de 8.

3212 à 3214. Modèles de canons de la fin du règne de Louis XIV.

3215 à 3220. Modèles d'affûts, armés de leurs canons en bronze, du système de Vallière, ordonnance de 1732. Ces modèles sont à l'échelle d'un sixième et ont appartenu au prince de Condé; ils ont été remis, en 1850, au Musée de l'Artillerie par le domaine de la Couronne, qui en était resté dépositaire depuis 1794.

3221 et **3222**. Mortier monté sur affût, ordonnance de 1732.

3223 et **3224**. Canons de siége, étrangers.

3225 à **3232**. Modèles de canons.

3233. Modèles de canon.

3234 à **3237**. Canons portant la date 1785.

Modèles de bouches à feu du système Gribeauval.

3238. Canon de 24, de siége, à l'échelle du sixième.

3239 et **3240**. Canons de 16, de siége, coulés à Strasbourg en 1788; même échelle.

3241 et **3242**. Canons de 12, de place, coulés en 1788 à Strasbourg; même échelle.

3243. Canon de 8, de place; même échelle.

3244. Pièce de bataille de 8, à l'échelle du quart.

3245. Canon de bataille de 4, à la même échelle.

3246. Canon de 12, de bataille, à l'échelle du sixième.

3247. Obusier de $0^m,22$, à l'échelle du quart.

3248 et **3249.** Modèles d'obusiers de $0^m,22$, à l'échelle du sixième.

3250. Mortier de Gribeauval, de $0^m,27$, monté sur son affût; échelle du sixième.

3251. Mortier de $0^m,27$, à la Gomer, monté sur son affût ; même échelle, muni de l'appareil de pointage à la Bouquero.

3252. Mortier de $0^m,32$, à la Gomer; échelle du quart; muni du système Bouquero pour le pointage.

3253. Mortier de Gribeauval, à l'échelle du quart, pour bombe de $0^m,32$.

3254. Mortier en bronze, à la Gomer.

3255. Mortier hollandais de 0^m,32, à l'échelle du quart, portant la date 1750.

3256. Canon de marine, en fer coulé, à l'échelle du quart.

3257. Affût et canon de la fin du règne de Louis XIII, ou du commencement du règne de Louis XIV.

3258. Affût et canon en bronze; modèle inconnu.

3259. Affût et avant-train à limonière, de la fin du règne de Louis XIV.

3260. Affût de campagne; même époque.

3261. Affût d'obusier; même époque.

3262 et **3263.** Affûts de 24 et de 16, avec avant-trains; ils diffèrent des affûts du système Gribeauval, en ce qu'ils n'ont pas de vis de pointage.

3264 à **3266.** Affûts de siége du système Gribeauval, l'un de 24 et les deux autres de 16, avec vis de pointage.

3267 et **3268.** Modèles d'affûts de 24 et de 16, avec avant-train; à l'échelle du huitième.

3269. Affût d'obusier de $0^m,16$, avec son obusier; échelle d'un quart.

3270. Affût et obusier de $0^m,22$, avec avant-train à limonière, pour la plaine; à l'échelle du sixième.

3271. Affût d'obusier avec avant-train, pour obusier de $0^m,16$.

3272. Modèle d'affût d'obusier de $0^m,16$; à l'échelle du huitième.

3273 et **3274**. Affûts de 12 de campagne, avec avant-train et coffrets, du système Gribeauval; échelle du sixième.

3275. Affût de 8 avec avant-train et coffret; même échelle.

3276. Affût de 8 et son canon, avec avant-train; à l'échelle du huitième.

3277. Affût de 4 avec son canon; à l'échelle du sixième.

3278. Affût de 4 de campagne; à l'échelle du huitième.

3279 et **3280**. Affûts et projets divers, construits à des échelles différentes.

3281. Caisson de 12 avec avant-train; à l'échelle du sixième.

3282. Caisson d'obusier de $0^m,15$ avec avant-train, système Gribeauval.

3283. Caisson de 12 avec avant-train; à l'échelle du quart.

3284. Caisson de 8 avec avant-train; même échelle.

3285. Caisson de 8 avec avant-train; à l'échelle du huitième.

3286. Forge à quatre roues, du système Gribeauval, modifiée en 1808.

3287. Chariot à munitions, du système Gribeauval modifié; il est muni de planches au lieu de roulons; à l'échelle du quart.

3288. Chariot à munitions avec avant-train, du même système; à l'échelle du huitième.

3289. Charrette à munitions, du système Gribeauval; échelle du quart.

3290 et **3291**. Charrette à boulets, du même systeme.

3292. Camion pour le transport des mortiers.

3293. Chariot porte-corps pour le transport des gros calibres, du système Gribeauval ; à l'échelle du huitième.

3294. Canon à vent, de petit calibre, monté sur affût ; il se charge au moyen d'un levier en fer.

3295. Affût de côte, avec projet de châssis à bande circulaire ; à l'échelle du quart.

3296. Affût de côte du système Gribeauval, avec coin de mire mû par une vis de pointage horizontale ; échelle du quart.

3297. Affût de côte avec coin de mire et projet de roulettes ; échelle du sixième.

3298. Autre affût de côte ; même échelle.

3299. Affût de côte avec projet d'échantignole double pour les roulettes ; à l'échelle du sixième.

3300 à 3302. Modèles d'affûts de côte, l'un à rouleau sur le devant pour remettre en batterie ; à l'échelle du huitième.

3303 à **3308**. Autres affûts de côte ou projets de châssis; à l'échelle du sixième.

3309 à **3312**. Affûts de place de 24, de 16, de 12 et de 8, du système Gribeauval.

3313 et **3314**. Affûts de place, du premier système de Gribeauval, à grande roulette et à coin de mire.

3315. Affût de place, du second système de Gribeauval, à petite roulette, à échantignole et vis de pointage; à l'échelle du sixième.

3316 à **3318**. Autres affûts de place à grande roulette, avec projets de châssis brisé; échelle du huitième.

3319 à **3323**. Affûts à flèche, des calibres de 24, de 16, de 12 et de 8, et d'obusier; modèle de l'an xi.

3324 et **3325**. Affûts de place à roulettes, du même système.

3326 et **3327**. Affûts de côte, du même système.

3328. Affût de casemate, du général Meunier.

3329. Affût de marine armé d'un canon en bois ; projet comportant une vis de pointage mue à l'aide d'une manivelle ; ce modèle provient du Conservatoire des Arts et Métiers.

3330 et **3331**. Affûts de place et de campagne provenant du même établissement.

3332 et **3334**. Autres affûts de place et projets de châssis.

3335 et **3336**. Affûts de marine, l'un à roulette, l'autre glissant sur son châssis.

Équipage de pont du système de Gribeauval.

3337 à **3340**. Haquets à ponton, armés de leur ponton en cuivre.

3341. Pont roulant de Gribeauval.

3342 à **3344**. Haquets à bateau et à nacelles.

3345. Bateaux pour équipage de pont.

3346. Nacelle pour équipage de pont.

3347. Grue roulante pour équipage de pont.

3348. Cabestan pour équipage de pont.

3349. Vindas pour équipage de pont.

3350 et 3351. Haquets à ponton, avec poutrelles et madriers, et pontons en cuivre, à l'échelle du douzième; on a réuni quelques petits pontons pour faire comprendre la construction des ponts.

3352 et 3353. Haquets avec ponton en cuivre.

3354 et 3355. Haquets à nacelle, l'un à l'échelle du sixième, l'autre du huitième; système Gribeauval.

3356. Haquet portant un bateau, ses poutrelles et ses madriers, par M. Jobard; à l'échelle du sixième.

3357. Haquet portant un bateau dans lequel sont plusieurs des accessoires servant à l'établissement des ponts; adopté en 1822.

3358. Haquet portant les poutrelles et les madriers; même modèle.

3359. Nacelle avec quelques accessoires, et deux courbes sur une plus grande échelle; même modèle.

3360. Projet de haquet avec ponton cylindrique en tôle, pour pont d'avant-garde.

3361. Projet de haquet à grands brancards, ou pont roulant sur deux roues.

3362. Haquet à bateau, avec poutrelles et madriers; modèle autrichien.

3363. Modèle de nacelle du système Gribeauval.

3364. Barque et nacelle proposées par le général Dédon.

3365 à **3368.** Projets de barques et de bateau plat.

3369. Grand bateau à voile, en forme de galère, pour le transport des troupes sur le Danube.

3370 et **3371.** Modèles d'ancre pour les équipages de pont.

3372. Chèvre d'une grande dimension.

3373. Triqueballe du système de Gribeauval; à l'échelle du huitième.

3374. Traîneau à rouleaux mobiles; à l'échelle du quart.

3375. Modèle de traîneau à roulettes.

3376. Modèle de grue roulante, de l'arsenal de Metz ; à l'échelle du sixième.

3377. Projet de grue roulante avec avant-train, pour le service des fonderies ; par le sieur Choisy, ouvrier d'état.

3378. Modèle de grue double ou à deux ranchets, portée sur un pied à quatre roulettes, avec volant, treuil et vis sans fin.

3379. Ancien modèle de grue à chevalets et à double treuil.

3380. Modèle de grue tournante à cabestan.

3381 et **3382.** Modèles de cabestan.

3384 et **3385.** Modèles de vindas.

3386. Modèle de mouton à bras.

3387. Modèle de fardier ou triqueballe à treuil et vis sans fin.

3388. Modèle de fardier allemand, avec sa voiture à quatre roues, ses brancards à coulisse, son treuil, son cabestan et sa grue.

3389. Modèle de l'échelle à observer, transportée dans un caisson, par Régnier.

3390. Modèle de voiture portant des marmites à la Rumford. Une plaque encastrée dans le bois porte l'inscription suivante : Le 6 janvier 1806, LL. MM. Napoléon Ier, empereur des Français et Roi d'Italie, et Maximilien-Joseph, roi de Bavière, étant à la chasse, près de Baierbrunn, ont daigné goûter les premiers de la soupe à la Rumford faite dans ces marmites ambulantes, inventées par Ant. Baumgartner, conseiller actuel de Sa Majesté le roi de Bavière. Exécuté en grand par Martin Roth, carrossier, et ce modèle d'après l'original, par Sos-Settle, mécanicien à Munich.

3391 et **3392**. Chevalets pour pont.

3393. Reumamètre de Régnier.

— —

PROJECTILES.

3394. Gros boulets de pierre trouvés à Alger en 1830.

3395. Boulets en pierre trouvés sur l'emplacement de l'ancien Hôtel-de-Ville, à Laon. (*Donnés au Musée par M. le capitaine Dionis.*)

3396. Boulets en pierre, provenant du château construit à Abbeville en 1469, par Charles le Téméraire. (*Donnés au Musée par M. Boucher de Perthes.*)

3397. Boulets en pierre, trouvés dans l'ancien château du Crotoy, bâti par les Anglais en 1366.

3398. Boulet en fer, trouvé dans la petite rivière qui traverse le champ de bataille de Crécy et au pied de la hauteur sur laquelle l'armée anglaise avait pris position. (*Donnée au Musée par M. le baron de la Pylaie.*)

3399. Boulet en fer, trouvé dans un canon à boîte du xve siècle.

3400 à **3403.** Bombes de 0^m,32, de 0^m,27 et de 0^m,22.

3404 et **3405.** Obus de 0^m,22 et de 0^m,16.

3406 et **3407.** Boulets creux du calibre de 24 et de 12.

3408. Boulet plein, du poids de 71 kilogrammes, pour le service de la coulevrine d'Ehrenbretstein.

3409 à **3417**. Boulets de 48, de 36, de 24, de 18, de 16, de 12, de 8, de 6, de 4 et de 3.

3418. Obus, avec projets de fusée à vis.

3419 à **3423**. Cartouches à balles de fer, ou boîtes à mitraille.

3424. Coquilles en fer coulé pour les boîtes à mitraille.

3425. Modèle de boulet oblong creux, en plomb; projet.

3426 à **3429**. Boulets creux, de 24, en sphéroïde allongé.

3430. Même boulet de 24 ensabotté; projet.

3431 à **3434**. Boulets en fer forgé, à claire-voie, destinés à recevoir des matières inflammables.

3435. Boulets ramés en fer coulé.

3436. Boulets ramés de 24, en fer forgé.

3437. Boulets ramés de 24, à champignon.

3438 et **3439.** Boulets de 24 et de 8, à lames, pour couper les mâtures et cordages de vaisseau; projets de M. Payrard.

3440 à **3443.** Boulets de 12, de 8 et de 4, enveloppés d'une matière élastique qui détruit le vent et garantit l'âme du canon; proposés par M. Cailly, capitaine d'artillerie.

3444. Grenades de rempart.

3445. Grenades à main.

3446. Grenade vénitienne en verre, apportée de Corinthe, en 1832, par M. Peytier, capitaine d'état-major. Les grenades en verre ont été employées en France sous le règne de Louis XIV. Il y en avait encore une grande quantité à Saarlouis, en 1815.

3447. Balles de fer coulé, des numéros 2, 3, 4 et 5, des derniers modèles.

3448. Autres balles en fer coulé, pour boîtes à mitraille.

3449 et 3450. Balles à lames, pour fusils de rempart; par M. Payrard.

3451. Balles pour fusils d'infanterie; par le même.

3452. Balles incendiaires : deux d'entre elles ont éclaté dans les épreuves; inventées par M. Trotry.

3453. Bombe contenant intérieurement un obus, le tout coulé ensemble.

3454. Autres projectiles.

3455. Quatre boîtes à réjouissance, en fonte de fer.

3456 à 3460. Cylindres en bronze, pour la vérification des boulets des calibres de 36, de 18, de 16, de 12 et de 4.

3461. Rondelles doubles pour la vérification des cylindres, des calibres de 24, de 16, de 6 et de 3.

3462. Autre rondelle pour la vérification des lunettes de réception des grenades et des balles en fer.

MACHINES ET INSTRUMENTS.

(Deuxième et troisième galerie.)

3463. Modèle, à l'échelle du quart, de la forerie horizontale de la fonderie de Strasbourg.

3464. Modèle de forerie verticale.

3465. Modèle de machine à aléser.

3466. Modèle de machine à arrondir les tourillons.

3467. Autre machine à arrondir les tourillons.

3468. Petit modèle de chevalet servant à mettre les grains de lumière aux bouches à feu; proposé, en 1823, par M. le colonel Parrizot.

3469. Modèle de chevalet avec châssis en fer et vis de pression, servant à mettre les grains de lumière aux bouches à feu; échelle de deux cinquièmes.

3470. Machine à fileter les grains de lumière ; même échelle.

3471. Machine à rayer les bouches à feu ; par M. Burnier, colonel d'artillerie.

3472. Boîte renfermant l'outillage servant à mettre les grains de lumière des trois numéros ; échelle de deux cinquièmes.

3473 à 3475. Quatre têtes d'anciennes étoiles mobiles à tambour.

3476. Étoile mobile de Gribeauval, exécutée par M. Savart, à l'École de l'artillerie et du génie, à Metz.

3477. Deux autres étoiles mobiles du système Gribeauval, avec de légères modifications.

3478. Tête d'ancienne étoile mobile du même système, à plan incliné.

3479. Modèle d'étoile mobile en usage pour la vérification des bouches à feu.

3480. Chat-hampé, à cinq branches, pour la recherche des soufflures dans l'âme des canons.

3481. Plan incliné, hampé, pour prendre avec la cire l'empreinte des soufflures reconnues avec le chat-hampé.

3482 et 3483. Instrument pour la vérification de l'intérieur des bouches à feu; c'est le vérificateur de Désaguliers.

3484. Ancienne tête d'étoile à pointes mobiles; instrument étranger.

3485. Ancien compas à coulisse, pour mesurer la distance des tourillons.

3486. Équerre double pour la vérification des embases du canon de 16.

3487. Sommier pour mesurer la distance des embases.

3488. Compas à coulisse, servant à mesurer les diamètres extérieurs des canons.

3489. Deux collections de règles à crans pour vérifier les moulures des canons.

3490. Calibres en fer pour vérifier les diamètres extérieurs des bouches à feu.

3491. Ancien sommier pour vérifier la distance des embases.

3492. Anciennes règles pour vérifier les diamètres extérieurs des canons de bataille, des calibres de 12, de 8 et de 4.

3493. Ancienne règle à talons, pour la vérification des broches pour mortiers de 0^m,32 et de 0^m,27.

3494. Ancien support à quatre branches, pour la vérification des mortiers.

3495. Ancienne étoile pour la vérification des mortiers, système Gribeauval.

3496. Sonde pour vérifier les lumières des bouches à feu.

3497. Petit crochet pour rechercher les soufflures dans le canal de lumière des bouches à feu.

3498. Niveau pour la vérification des bouches à feu.

3499. Lunettes en fer, pour vérifier les pointes de l'ancienne étoile mobile à tambour.

3500. Carrés en fer, pour vérifier les pointes de l'étoile mobile du premier système de Gribeauval.

3501. Carrés de vérification, en cuivre, pour l'étoile mobile de Gribeauval, avec de légères modifications.

3502. Collection de douze lunettes servant à la vérification de l'étoile mobile actuellement en usage.

3503. Jeu de pointes de rechange de l'étoile mobile à tambour.

3504. Jeu de pointes de rechange de l'étoile mobile de Gribeauval.

3505. Jeu de pointes de rechange pour l'étoile mobile actuellement en usage, avec le T pour soutenir dans l'axe de la pièce la hampe de l'étoile mobile.

3506. Demi-cylindre pour soutenir au milieu de l'âme du canon de 24 la grande règle à coulisse.

3507. Cylindre à charnière en bois, pour soutenir la hampe de l'étoile mobile dans l'âme du canon de 24, pour l'étoile de Gribeauval modifiée.

3508. Refouloirs en bois, pour vérifier

l'emplacement de la lumière dans les canons des divers calibres.

3509. Instrument pour vérifier l'intérieur des mortiers, avec ses accessoires.

3510. Lunettes à vis de pression, pour maintenir l'instrument dans l'axe du mortier.

3511. Étoile pour vérifier l'intérieur des mortiers; par Diéboldt, à Strasbourg.

3512. Instrument pour vérifier les chambres des mortiers, avec ses pointes; par Esser, à Strasbourg.

3513. Règle étalon.

3514. Règle double pour prendre les angles.

3515. Anciennes étoiles en cuivre, à branches mobiles, pour la vérification de la chambre des mortiers; par Lang, à Strasbourg.

3516. Autres étoiles en fer, à une pointe mobile, pour le même service.

3517. Calibres ou étoiles pour la vérification des cylindres des calibres de 16 et de 12.

3518. Vérificateur pour l'œil des projectiles creux.

3519. Vérificateur ancien, pour le même service.

3520. Ancienne sonde graduée, pour vérifier les culots des projectiles creux.

3521. Instrument en cuivre, à trois branches, pour calibrer les canons et prendre le diamètre des boulets.

3522. Ancien compas à verge en bois, servant à la réception des bouches à feu.

3523. Compas courbe en fer, pour prendre les diamètres extérieurs et intérieurs.

3524. Compas courbe, avec ses pointes de rechange, pour la vérification des projectiles creux.

3525. Petit modèle de l'étoile de Gribeauval, pour la vérification des mortiers.

3526. Équerres en cuivre, par Lang, à Strasbourg, pour calibrer les pièces.

3527 et **3528.** Doubles équerres, indiquant les calibres des pièces, les poids des boulets et les diamètres des bombes.

3529 et **3530.** Niveaux en fer.

3531. Instrument à calibrer : c'est un losange dont un des angles est assujetti à glisser le long d'une diagonale qui porte l'échelle de division ; inventé par Merklein.

3532 et **3533**. Anciennes échelles de proportion, en cuivre : l'une porte la date 1765, et l'autre 1793.

3534. Instrument étranger qui sert à trouver la correspondance entre le diamètre et le poids du projectile, pour une bouche à feu quelconque.

3535. Diverses échelles propres aux calibres autrichiens, peintes sur bois.

3536. Mètre étalonné, en cuivre.

3537 et **3538**. Grand compas à verge, pour mesurer la distance des tourillons des bouches à feu.

3539 et **3540**. Anciens compas pour mesurer les diamètres extérieurs des bouches à feu.

3541. Grand compas pour la vérification des boulets creux.

3542. Compas étalon à coulisse, pour vérifier les diamètres extérieurs des canons.

3543. Quart de cercle en cuivre, avec niveau à bulle d'air; par Diéboldt, à Strasbourg.

3544 et 3545. Instruments de pointage, garnis d'un sextant gradué, et d'une règle mobile portant des pinnules et un niveau à bulle d'air; par Voigtlander, de Vienne.

3546. Quart de cercle à pinnules et à fil-à-plomb, propre au pointage de tous les mortiers; par le sieur Patron, à Paris.

3547 et 3548. Quarts de cercle propres au service de tous les mortiers. Ils sont munis de pinnules, d'un limbe divisé et d'une verge d'aplomb; inventés et exécutés par Billion, à Paris, 1795.

3549. Quart de cercle, à charnière. Ses différentes parties se plient, de manière à former un faisceau allongé et portatif.

3550. Quart de cercle; par Diéboldt, à Strasbourg.

3551. Octant, avec indicateur.

3552. Quart de cercle pour donner les degrés aux mortiers.

3553. Quart de cercle, très-ancien, à règle mobile, pour pointer les canons et les mortiers.

3554. Quart de cercle à indicateur.

3555. Quart de cercle à fil-à-plomb ; par Langlois, à Paris.

3556 et 3557. Instruments pour pointer les mortiers, et donnant la quantité de poudre à prendre pour la charge; par De-lure, à Paris.

3558. Quart de cercle armé d'une longue règle en fer, avec trois rondelles mobiles de différentes grandeurs, pour le pointage du canon; par M. Lombard.

3559. Le triple rapporteur de M. de Tru-milly.

3560 à 3563. Distanciomètre de l'adjudant général Mayer (1812), pour le tir des gros calibres sur les côtes.

3564. Limbe gradué qui s'adapte aux

tourillons des mortiers, monté suivant le système de Bouquero.

3565. Hausse à quart de cercle, pour canons et obusiers, proposée par M. Chadrin, capitaine d'artillerie, en 1821.

3566. Hausse à pinnule, par M. Chadrin.

3567. Hausse à pinnule et niveau à bulle d'air, par le même officier.

3568. Hausse mobile, avec fil-à-plomb; projet présenté par Arrenger, chef ouvrier d'état d'artillerie, en 1822.

3569. Hausse mobile avec niveau à bulle d'air; par le même, 1823.

3570. Hausse de la Commission de Toulouse, pour le tir à ricochet, adaptée à une portion de culasse.

3571. Hausse à quart de cercle, adaptée au bouton de culasse.

3572. Hausse de la Commission de Toulouse, pour les canons de campagne, adaptée à une portion de culasse.

3573. Hausse de M. Aubertin pour les

canons de campagne, adaptée à une portion de culasse.

3574. Hausse pour les canons de siége.

3575. Hausse avec quart de cercle, pour les pièces de siége.

3576. Projet de hausse pour canons de tout calibre, composée de lames de cuivre flexibles.

3577. Hausse à échelles, par M. Aubertin, pour canons et obusiers de siége.

3578. Hausse de poche, proposée par la Commission de Toulouse, pour les canons et obusiers de campagne.

3579. Hausse de la même Commission, pour les canons et obusiers de siége.

3580. Hausse à genou, pour les pièces de siége, et avec les lignes négatives, par M. Aubertin.

3581. Hausse à genou, pour les canons de siége et les obusiers, par M. Aubertin.

3582. Secteur ou fronton de mire en fer, pour les pièces de siége, par M. Aubertin.

3583. Hausse de poche de M. Aubertin, pour canons de campagne.

3584. Hausse à clavette, par M. Aubertin, pour les canons de siége.

3585. Hausse de M. Filippi, pour les canons de siége, adaptée au bouton de culasse.

3586. Hausse de M. Filippi, pour les canons et obusiers de campagne.

3587. Hausse de M. Carnot, pour les canons de siége.

3588. Hausse de M. Filippi, pour le canon de siége, adaptée au bouton de culasse.

3589. Hausse de M. Buffel, pour les pièces de campagne, de siége et de côte.

3590. Hausse de M. Legrand, pour les canons de siége, adaptée au bouton de culasse.

3591. Hausse de M. Legrand, à quart de cercle gradué, pour les canons de siége.

3592. Hausse pour les pièces de siége, par le même.

3593. Hausse de la Commission de Strasbourg.

3594. Hausse de M. Walter, pour les canons de siége.

3595. Miroir métallique pour le pointage des mortiers; par M. Amaury.

3596. Hausse pour obusier de $0^m,15$, proposée par la Commission de Strasbourg.

3597. Hausse pour les canons de siége, proposée par la Commission de Strasbourg.

3598. Hausse turque, rapportée de Morée par M. de Broca, chef d'escadron d'artillerie. (*Don fait au Musée par son fils.*)

3599 à **3601.** La planchette du canonnier; par d'Obenhein.

3602. Cabriolet : machine employée dans les fonderies pour retirer les canons des fosses à couler.

3603 à **3605.** Modèles de tables à plier les susbandes de l'artillerie, de Gribeauval.

3606 et **3607.** Autres tables à plier les étriers d'essieux, les anneaux de manœuvre, les susbandes et les anneaux porte-leviers.

3608 et **3609.** Modèles de tables pour appliquer les tôles aux couvercles des caissons et des coffrets.

3610. Filière à couteau pour tarauder les filets carrés des vis de pointage.

3611. Grande filière, avec des tarauds et coussinets, pour mettre les grains de lumière aux bouches à feu; ancien système.

3612. Grand tourne-à-gauche pour enfoncer les grains de lumière.

3613. Grande filière à tarauder les gros boulons.

3614 et **3615.** Filières plus petites, garnies de leurs coussinets.

3616. Modèle de tarière à percer les moyeux, à l'échelle d'un quart; par M. Champy, chef ouvrier d'état (1823).

3617. Cisaille ronde à couper le fil de fer.

3618. Clef à griffes pour écrous.

3619. Rabot italien pour dresser les métaux.

3620 et **3621**. Modèles d'outils servant à la fabrication des boulets ramés.

3622. Modèle de cylindre pour la vérification des boulets ramés.

3623. Modèles de grils à rougir les boulets, et d'outils pour le service du tir à boulets rouges.

3624. Modèle de pyromètre, instrument propre à mesurer la dilatation des métaux, par M. le colonel d'artillerie Aubertin.

3625. Projets de fourneau à rougir les boulets.

3626. Machine à mouler les fusées à vis métalliques, par M. le colonel Parrizot.

Instruments propres à mesurer la force de la poudre.

3627. Éprouvette à crémaillère, pour la poudre à mousquet.

3628. Éprouvettes à marteau en fer; elles portent les dates de 1784 et de 1786.

3629. Éprouvette à marteau en cuivre.

3630 à 3632. Éprouvette à bilboquet, proposée par le général Lamartillière, avec son globe en bronze; elle porte la date, Douai, 1813.

3633. Éprouvette d'ordonnance en bronze, avec deux globes; Strasbourg, 1821.

3634. Projet d'éprouvette à bilboquet, avec plateau en cuivre et globe en fer.

3635. Petit modèle d'éprouvette d'ordonnance, monté sur son plateau.

3636. Modèle de mortier-éprouvette sans plateau.

3637. Modèle de mortier-éprouvette à bilboquet, monté sur plateau.

3638. Éprouvette à roue dentée pour mesurer la force de la poudre.

3639. Pendules à éprouver les poudres fulminantes; par Régnier.

3640. Le pendule de l'éprouvette du chevalier d'Arcy.

3641. Éprouvette à roue dentée, en forme de pistolet.

3642. Éprouvette à recul, construite par Merklein, à Strasbourg, en 1828.

3343. Pendule balistique double, pour mesurer la force de la poudre à mousquet.

3644. Éprouvette de forme circulaire et à cadran, par M. Lepage, arquebusier.

3645. Modèle de machine à tailler les vis de pointage du système Gribeauval; à l'échelle du quart.

3646 et **3647**. Machines à tailler les vis de pointage; projet.

3648. Projet de machine avec chariot à coulisse, pour le même travail.

3649. Machine avec volant à lentille, pour tailler les grosses limes.

3650. Projet de machine à tailler les limes.

3651. Ancien modèle de balancier à découper les rosettes.

3652 et **3653**. Modèle de mouton à découper les rosettes.

3654. Modèle de machine à levier, avec volant, pour découper les culots, les rosettes et les écrous, à l'usage de l'artillerie.

3655. Boîte contenant les modèles de tous les clous employés dans l'artillerie de Gribeauval.

3656. Modèle de laminoir ordinaire.

3657 et **3658.** Modèles de roues avec ou sans volant, pour tours à tourner les métaux.

3659 et **3660.** Modèle du tour à tourner les boulets.

3661. Modèle de tour avec châssis et volant pour tourner les moyeux.

3662. Boîte contenant les outils servant à la fabrication des clous de la marine.

3663. Machine à diviser les règles.

3664. Tour pour arrondir les hampes; par M. le capitaine d'artillerie Marcoux.

3665. Machine à découper les cuirasses, inventée par M. le colonel Parrizot.

3666. Machine à redresser les plaques de

fer pour la fabrication des cuirasses; par M. le colonel Parrizot.

3667. Appareil pour éprouver les flasques des affûts de mortier; par le même officier.

3668. Projet de mouton, pour éprouver les flasques.

3669. Modèle de mouton à plan incliné, pour enfoncer les pilots.

3670. Modèle de la corderie à câbles, établie à Rochefort, d'après la méthode de M. Hubert, ingénieur de la marine.

3671. Modèle de chapelet pour l'épuisement des eaux.

3672. Dynamomètre de Régnier.

3673. Collection des rondelles de vérification, ou lunettes des calibres de $0^m,32$, $0^m,27$, $0^m,22$, $0^m,16$, et des boulets de 24, 16, 12, 8 et 4.

3674. Collection d'anciennes lunettes en cuivre, pour la vérification des projectiles, depuis le boulet de 48 jusqu'au boulet de

1 livre ; lunette pour la vérification des balles en fer.

3675. Collection de lunettes fabriquées en 1812, pour la réception des projectiles des calibres de $0^m,32$, $0^m,27$, $0^m,22$, $0^m,16$, et des boulets de 48, 36, 24, 18, 16, 12, 8, 6 et 4.

3676. Collection de lunettes en usage pour la réception des projectiles des calibres de $0^m,32$, $0^m,27$, $0^m,22$, $0^m,16$, et des boulets de 48, 36, 24, 18, 16, 12, 8, 6 et 4.

3677. Collection de lunettes pour la vérification des tourillons et des embases des mortiers de $0^m,27$, $0^m,22$, des canons de 24, 16, 12, 8, 6 et 4, et des obusiers de $0^m,16$ et $0^m,15$.

3678. Collection de globes creux en cuivre, formés chacun de deux hémisphères séparables, pour le moulage en sable des bombes, des obus, des grenades et des boulets, des calibres de $0^m,27$, $0^m,22$, $0^m,16$, $0^m,15$, des boulets de 24, 12, 8, 6, et de la grenade de rempart.

3679. Deux demi-sphères en cuivre ou coquilles pour le moulage en sable des noyaux des projectiles creux.

2680. Vérificateur des coquilles pour le moulage en sable des boulets de 24.

3681. Modèle en forme d'écrou, pour mouler l'œil des projectiles creux, afin qu'il puisse recevoir des fusées à vis ; proposé par M. Pion, chef d'escadron d'artillerie.

3682. Boîte en cuivre pour le moulage des noyaux en sable des boîtes de roue.

3683. Calibre à crans pour vérifier les lunettes des bombes de 0^m,32, 0^m,27, 0^m,22.

3684. Calibres pour grandes et petites lunettes de vérification des calibres de 0^m,16, 0^m,15, et des boulets de 24, 16, 12, 8 et 4 (1812).

3685. Moule en cuivre pour balles et chevrotines, du temps de Charles IX.

3686. Collection d'anciens moules à balles, en fer, de différentes grandeurs et de différents calibres.

3687. Moule à balles, pour fusil de rempart, en bronze.

3688 et 3689. Moules, en bronze, pour balles de 20 et de 19 à la livre.

3690 et 3691. Moules, en bronze, pour la fonte des balles de 20 et de 26 à la livre.

3692. Tenailles, ou cisailles, pour couper les jets des balles de plomb.

3693. Cisailles pour couper les jets des balles de plomb.

3694. Cisaille à ressort et à mouvement de rotation; projet.

3695. Cisaille à mouvement de rotation, et à bras de levier.

3696. Machine pour arrondir les balles de plomb.

3697. Modèle de la machine à arrondir les balles de plomb.

3698. Moules à balles.

3699. Cribles anciens pour balles en fer.

3700 et 3701. Lunettes pour vérifier

les balles; l'une pour la balle de rempart.

3702. Tire-fusée à châssis et à vis.

3703. Tire-fusée, à cercle en bronze, fait à La Fère, par la 6ᵉ compagnie d'ouvriers d'artillerie, en 1806.

3704. Tire-fusée à cric, par Merklein.

3705. Grand tire-fusée de sûreté; par M. le colonel Parrizot.

3706. Tire-fusée, en usage; inventé et proposé par M. le colonel Parrizot.

3707. Modèle du même tire-fusée.

3708. Modèle de tire-fusée à tenailles.

Projets d'étoupilles fulminantes, pour mettre le feu aux pièces et aux fourneaux de mine.

3710. Étoupilles du colonel Parrizot.

3711. Étoupilles du colonel Goupil.

3712. Étoupilles du capitaine Burnier.

3713. Étoupilles anglaises.

3714. Étoupilles belges.

3715. Étoupilles suédoises.

3716. Capsules pour canons.

3717. Fusées françaises.

3718. Fusées anglaises pour les obus à la Shrapnell.

3719. Anciennes étoupilles, en roseau, pour le canon.

3720. Étoupilles réglementaires à tube de cuivre.

3721. Projet d'étoupille en étain, de M. le colonel Burnier.

3722. Projets de fusées à vis, en zinc.

3723. Projets de fusées à vis, en cuivre.

3724. Fusée incendiaire, prise sur un vaisseau anglais. Cette fusée était destinée à être jetée dans les entre-ponts et à y mettre le feu en asphyxiant les matelots. Par ordre de l'Empereur, ces fusées furent envoyées au laboratoire de l'École de Médecine de Paris, pour qu'il en fût fait l'analyse ; on y reconnut que ces fusées contenaient du sulfure d'arsenic en très-grande quantité.

3725. Cartouches à balles incendiaires, de M. Trotry.

3726. Cartouches Robert.

3727. Cartouches à sabot.

3728. Cartouches Collin.

3729. Cartouches à sabot, sans colle, de M. Burnier, capitaine d'artillerie.

3730. Cartouches sans colle, de M. de la Rachée.

3731. Mandrins avec dés, pour la fabrication des cartouches du fusil de rempart.

3732. Mandrins avec dés, pour la fabrication des cartouches d'infanterie.

3733. Machine à confectionner les cartouches de munition, inventée par M. de la Rachée.

3734. Projet d'amorçoir pour capsules.

Collection de capsules de guerre françaises et étrangères.

3735. Capsules françaises, anglaises, belges, saxonnes, bavaroises, badoises, hanovriennes, mecklembourgeoises, prussiennes; capsules du sieur Consolé.

Fabrication des armes à feu portatives.

3736. Machine à forer et à fraiser les bassinets.

3737. Machine à étirer le corps des baguettes de fusil.

3738. Laminoir pour la fabrication des sabres et des baïonnettes.

3739. Machine pour limer les lames de sabre et de baïonnette.

3740. Machine pour mesurer l'intensité du recul du fusil.

3741. Machine à tirer en long les canons de fusil.

3742. Machine pour aléser les canons de fusil.

3743. Machine à tarauder la culasse des canons de fusil.

3744. Machine pour aléser les canons de fusil.

3745. Machine pour envelopper d'un ruban de fer les vieux canons de fusil.

3746. Machine pour tourner les canons de fusil.

3747. Modèle de tour à chariot pour tourner les canons de fusil; à l'échelle d'un cinquième.

3748. Machine verticale pour rayer les canons de carabine, par M. le colonel Parrizot; à l'échelle de deux cinquièmes.

3749. Deux fraises, à manivelle, pour fraiser les bassinets.

3750. Appareil inventé par M. le colonel Parrizot, pour vérifier la concentricité de l'âme dans les canons de fusil.

3751. Instrument vérificateur pour les

rayures des armes à feu portatives cara-
binées, de l'invention de M. le colonel
Parrizot.

3752. Machine à éprouver les grands
ressorts de fusil, séparés des platines; par
Deschaseaux et Montjoie.

3753. Autre machine à éprouver les grands
ressorts; par Deschaseaux.

3754. Machine ou levier à bascule pour
éprouver les ressorts de gâchette.

3755. Levier à bascule pour éprouver
les ressorts de gâchette, en faisant fonction-
ner celle-ci.

3756. Levier à bascule pour éprouver
les ressorts séparés de la platine; par
Régnier.

3757. Levier à branche, avec indicateur
et cercle gradué, pour mesurer la force des
grands ressorts; par Régnier.

3758. Machine à éprouver les grands
ressorts, faite par Montjoie en l'an iii de la
République, et donnée au Musée par M. Lepage, arquebusier.

3759 à 3761. Blémomètre, par Régnier; instrument propre à éprouver les grands ressorts, non séparés de l'arme.

3762. Projet de machine à rayer les canons de carabine; par le même.

3763. Projet de machine à rayer les canons de pistolet; par le même.

3764. Projet de machine à charger les armes à balle forcée, par M. Lepage.

3765. Nécessaire de vérification pour le fusil, modèle 1777.

3765 *bis*. Nécessaire de vérification pour le fusil, modèle 1816.

3766. Nécessaire de vérification pour le fusil d'artillerie, modèle 1816.

3767. Nécessaire de vérification pour le mousqueton, modèle 1816.

3768. Nécessaire de vérification du pistolet de cavalerie, modèle 1816.

3769. Nécessaire de vérification du pistolet de gendarmerie, modèle 1816.

3770. Nécessaire de vérification pour les vis de platine et de culasse.

3771. Nécessaire de vérification des armes mises entre les mains des troupes.

3772. Nécessaire de vérification pour les armes blanches, modèle 1816 et 1822.

3773. Nécessaire de vérification du mousqueton de gendarmerie, modèle 1825.

3774. Nécessaire de vérification du sabre de cavalerie légère, modèle 1822.

3775. Nécessaire de vérification du sabre d'infanterie, modèle 1831.

3776. Nécessaire de vérification pour les pierres à fusil.

3777. Collections de cylindres pour la vérification des canons de fusil.

3778. Matrices pour la fabrication de la platine à batterie.

3779. Enclume et poinçons, construits pour percer les corps de platine des armes à feu à batterie; provenant du Conservatoire des Arts et Métiers.

3780. Projet en bois d'un instrument propre à indiquer le point le plus favorable à la percussion, pour la lame de sabre; envoyé au Musée de l'Artillerie par S. M. l'Empereur Napoléon III.

Anciens instruments de vérification.

3781. Règle déterminant la longueur des canons de fusil, de mousqueton et de pistolet.

3782. Règle déterminant la longueur des baguettes de fusil.

3783. Règle pour le même service.

3784. Compas pour mesurer l'épaisseur des canons de fusil.

3785 et 3786. Compas pour les canons de fusil et de pistolet.

3787. Pente du dessus du fusil d'infanterie et de dragon.

3788. Pentes, mandrins, plaques de couche, et embouchoirs qui ont servi à la construction du fusil d'infanterie, modèle 1777.

3789. Pentes du dessus du pistolet, et

autres instruments ayant servi à la construction du pistolet, modèle 1770.

3790. Instruments ayant servi à la construction du pistolet, modèle 1777.

3791. Mandrins et vérificateurs ayant servi à la construction de la carabine, modèle 1781.

3792. Pentes, mandrins, lunettes et autres instruments ayant servi à la construction du mousqueton, modèle 1786.

3793. Vérificateur du pic-hoyau et de la pioche.

3794. Vérificateur de la hache.

3795. Pente, rapporteur, mandrins, lunettes, plaque de couche et autres instruments ayant servi à la construction du fusil des gardes du corps du roi, modèle 1816.

3796. Calibres en cuivre donnant les dimensions de la culasse du fusil, du mousqueton et du pistolet de cavalerie et de gendarmerie; autre calibre à coin, donnant le diamètre des canons, pour les balles de 10,

12, 14, 16, 18, 20, 22, 24, 26, 28 et 30 à la livre.

3797. Compas pour mesurer l'épaisseur des parois des canons de pistolet des gardes du corps, modèle 1816.

3798. Pente, rapporteur, sous-garde, lunettes et autres instruments ayant servi à la construction du pistolet des gardes du corps du roi, modèle 1816.

3799. Mouton pour éprouver les fourreaux de sabre.

3800 et 3801. Anciens nécessaires de vérification pour le mortier-éprouvette.

3802. Nécessaire de vérification pour le mortier-éprouvette actuellement en usage.

3803. Cercles et platines en cuivre, à silex, pour les canons de marine; ancien système.

Fabrication de la poudre.

3804. Machine à triturer le soufre, avec un système de blutage, en service au Ripault

3805. Modèle d'un moulin de 24 pilons à curette tournante, pour que la matière triturée reste toujours au centre des mortiers.

3806 et **3807**. Moulins à pilons, pour la fabrication de la poudre.

3808. Machine à cylindre pour la trituration des matières, mue par un manége.

3809. Moulin à meules verticales, qui existait à Essonne.

3810. Machine à triturer le soufre, avec un système de rotation uniforme transformé en va-et-vient, de M. Baritot, commissaire des Poudres.

3811. Moulin à meules en cuivre, pour la trituration du soufre.

3812. Petit lissoir, pour la fabrication de la poudre.

3813. Lissoir complet pour la fabrication de la poudre.

3814. Tambour-séchoir, pour la poudre; de M. Riffault.

3815. Sécherie Champy, existant au Ripault et à Esquerdes.

3816. Petit modèle de Maye, pour la fabrication de la poudre.

3817. Modèle d'étuve.

3818 à 3821. Modèles de fourneaux pour la fabrication de la poudre.

3822. Deux pilons en bois dur, ayant été employés à la fabrication de la poudre, dans le camp d'Abd-el-Kader.

3823. Pièces d'une machine servant à la fabrication des écouvillons.

3824. Modèle d'un atelier pour la fabrication du fer par la méthode anglaise; construit par le contrôleur Juliard.

OBJETS DIVERS.

3825. Projet d'un caisson, formant bureau.

3826. Projet d'une batterie ambulante de carabiniers, proposée par M. Heller. Berne, 1812.

3827. Projet d'une flottille, proposé par M. Boileau, en 1803.

3828. Projet de bancs à forer, et meules à émoudre les canons de fusil; le tout mû par une roue hydraulique.

3829 et **3830**. Modèles d'une voiture de charge, et d'un camion à bascule.

3831. Projet de cheval de frise, à corps triangulaire, armé de trois lances.

3832. Chausse-trappe en gros fil de fer,

se démontant et prenant la forme d'un faisceau pour le transport.

3833. Modèle de cheval de frise, se repliant pour faciliter le transport.

3834. Chausse-trappe.

3835. Chausse-trappe, en fer coulé.

3837. Étoile du sieur Belpré, se déployant en présentant six fers de lance, qui forment ainsi une grande chausse-trappe.

3838. Cheval de frise à huit tiges-baïonnettes, de M. Lepage, arquebusier.

3839. Cheval de frise portatif, de l'invention de M. Destouches, capitaine d'artillerie.

3840 et **3841.** Modèles du râtelier espagnol mobile, chacun pour trois cents fusils.

3842. Râtelier simple de la grande salle d'armes de Metz.

3843 à **3845.** Caisses de tambour, du temps de Louis XIV.

3846 à **3848**. Caisses de tambour hollandaises, prises à la citadelle d'Anvers, en 1832.

3849. Caisse de tambour danoise, du temps de Christiern V. (*Don fait au Musée par M. de la Roquette, consul de France en Norwége.*)

3850. Canne de tambour-major ayant appartenu au 1er régiment d'artillerie à pied, supprimé en 1829.

3851. Bâton de commandement de Jean-Baptiste de Cassaquet, marquis de Tilladet, lieutenant général des armées du Roi, capitaine des Cent-Suisses de la garde du Roi.

3852 et **3853**. Bâtons de maréchal d'empire et de maréchal de France ; modèles.

3854. Bâtons de maréchal d'empire et de maréchal de France, du duc de Dantzig. (*Donné au Musée par* madame la maréchale duchesse de Dantzig.)

3855. Bâton du maréchal Mortier, duc de Trévise.

3856. Bâton du maréchal Molitor.

3857. Bâton du maréchal Macdonald.

3858. Bâton du maréchal Jourdan.

3859. Trompette d'honneur, décernée par le gouvernement consulaire.

3860. Plaques de fusils d'honneur décernés sous le gouvernement consulaire.

3861. Romaine à cadran.

3862. Décalitre étalonné, en cuivre.

3863. Modèle du pont de Mellingen en Argovie, sur la Reuss. Ce pont, d'une seule arche, a 52 mètres de longueur.

3864. Établi portatif, de Daniel Rasp.

3865. Fausse étoupille en acier, pour l'exercice en blanc du canon.

3866. Boulets de 36 trouvés dans les murs de l'ancienne Bastille de Paris. Ils sont placés sur des socles fabriqués avec du fer provenant de cette forteresse.

3867 et **3868.** Modèles de fours en tôle, pour la campagne.

3869 et **3870**. Deux blutoirs de campagne.

3871 à **3880**. Drapeaux, étendards et enseignes militaires, français et étrangers.

3881. Fauteuil dans lequel le comte de Fuentès, général espagnol, fut tué à la bataille de Rocroy, le 10 mai 1643. Il fut donné le même jour, par le grand Condé, au seigneur Pierre de Noël de Champagne, major, et comte de Rocroy, qui s'était distingué par des sorties vigoureuses. Sa famille en a fait présent à Louis-Joseph de Bourbon, prince de Condé, à son passage à Rocroy, en 1783. (Provenant de Chantilly.)

3882. Chaîne du Danube. Elle a près de 195 mètres de long; prise à Vienne par l'armée française.

3883. Chaîne de barricade d'une ancienne poterne du Palais de Justice. (*Don fait au Musée par* M. Héricart de Thury.)

3884. Marteau de bronze d'une des portes de l'abbaye de Saint-Germain-des-Prés.

3885. Aigle du deuxième régiment de la garde impériale.

3886. Coq du 26ᵉ régiment de ligne, adopté pour les drapeaux de l'armée française en 1830.

3887. Serrure dont la clef est transformée en pistolet.

3888. Modèle de la balance de Quintenz.

3889. Atelier de platelage, avec ses presses.

3890. Treuil.

3891. Jeu d'instruments en bronze, pour la fabrication de la cartouche comprimée, de M. Lepage.

3892. Poucettès; instrument de torture.

———

3893. Projet de fusil percutant, avec sous-garde platine, de M. le colonel de Poncharra, ancien inspecteur des manufactures d'armes. (*Donné au Musée* par l'auteur.)

3894. Statuette équestre, en bronze, de

l'empereur Napoléon Ier, exécutée par le général de division baron Duchand. (*Léguée au Musée par l'auteur.*)

3895. Drapeau de l'artillerie à cheval de la garde impériale, commandée, à Waterloo, par le colonel baron Duchand. (*Légué au Musée par le général de division baron Duchand.*)

3896. Percuteur pour canon de marine.

3897. Poignées servant à la manœuvre du canon de marine.

3898. Sécateur propre à couper la lance à feu.

3899. Modèles de crochets à bombe, double et simple; curettes.

3900. Modèles de dégorgeoir ordinaire et à vrille.

3901. Modèles de lanterne et de gargoussier pour canons de siége et de place.

3902. Modèles de chapiteau et tampon pour bouches à feu.

3903. Modèle de tire-feu.

3904. Grands cors suisses, en bronze, du poids de 25 kilogrammes chacun, portant la date de 1588.

3905. Piége à loups à triple pointe mue par un ressort, par M. Lepage, arquebusier.

3906. Modèle de foyer de cheminée tournante, provenant de l'arsenal de Douai.

3907. Modèle en cuivre de garde et de pommeau de sabre, pour mouler en sable, provenant du Conservatoire des Arts et Métiers.

3908. Nécessaire de vérification du sabre de canonnier monté, modèle de 1829.

3909. Nécessaire de vérification du sabre d'infanterie, modèle de 1831, avec quelques corrections.

3910. Derniers modèles de pelle carrée et de pelle ronde.

3911. Derniers modèles de pioche et de pic à roc.

3912. Dernier modèle de civière ordinaire.

3913. Dernier modèle de civière à bombes.

3914. Dernier modèle de brouette.

3915. Dernier modèle de chevrette pour le service des parcs.

ARTILLERIE BAVAROISE.

<hr>

Collection de modèles construits sous les yeux de général d'artillerie Zoller, et offerte par la famille du général à S. M. l'Empereur des Français, Napoléon III, qui en a fait don au Musée de l'artillerie.

3916. Affût à flèche commun aux deux obusiers de 0,22 long et court; système du général Zoller.

3917. Autre affût à flèche, commun aux deux obusiers de 0,15 long et court; du même système.

3918 et **3919.** Affûts à flèche pour canons; même système.

3920 et **3921.** Affûts de campagne. L'entretoise de lunette présente à l'intérieur une saillie destinée à maintenir le timon horizontal dans tous les mouvements de la voiture.

3922 à **3924.** Affûts de campagne de 12,

de 8 et de 4; système de Gribeauval, avec des modifications du général Zoller.

3925 à **3927**. Affûts d'obusiers du système de Gribeauval, avec des modifications du général Zoller.

3928 et **3929**. Affûts de siége du système de Gribeauval, avec des modifications du général Zoller.

3930 à **3932**. Affûts de place du système Zoller.

3933 et **3934**. Affûts de place du système de Gribeauval.

3935. Affût de casemate; système Zoller.

3936. Affût de marine; même système.

3937. Chariot porte-corps; système du général Zoller.

3938. Triqueballe à grande flèche; même système.

3939. Chèvre à quatre pieds avec croisillons aux deux extrémités du treuil.

3940. Chevrette de parc.

3941 à **3944**. Mortiers montés sur affût avec vis de pointage sur le devant.

3945 et 3946. Caissons; système de Gribeauval, avec des modifications du général Zoller.

3947 et 3948. Caissons wurtembergeois.

3949 et 3950. Chariots à munitions; système Zoller.

3951 et 3952. Chariots de batterie; même système.

3953. Charrette à boulets; même système.

3954 et 3955. Forge de campagne; système Zoller.

3956. Machine pour la fabrication des armes blanches et à feu.

3957. Moulin à pilons pour la fabrication de la poudre.

3958. Lissoir pour la fabrication de la poudre.

3959. Machine à mettre les grains de lumière aux bouches à feu.

3960. Machine à fileter les grains de lumière.

3961. Machine à fileter les vis de pointage.

3962. Machine à fileter les écrous de vis de pointage.

3963. Machine à forer et tourner les bouches à feu, construite sur une grande échelle.

3964. Machine à percer les métaux.

3965. Machine à fabriquer les écouvillons.

3966. Machine à adapter par pression les fusées aux projectiles creux.

3967. Mortier à éprouver les poudres.

3968. Mortier vertical et à crémaillère pour mesurer la force de la poudre; du général Zoller.

3969. Tableau représentant tous les éléments de la fabrication de la roue d'artillerie.

3970. Tableau réunissant les formes à ployer les ferrures des voitures de l'artillerie bavaroise. Au-dessus de ces modèles sont des tableaux présentant les modèles de toutes les ferrures des voitures de l'artillerie bavaroise et l'outillage de tous les ouvriers qui concourent aux constructions de l'artillerie.

FIN.